Hors-d'œuvre

Table des matières

Trempettes et tartinades

TARTINADE À L'OIGNON ET AUX HARICOTS BLANCS

1 boîte (14 oz/398 ml) de haricots blancs cannellini ou Great Northern, rincés et égouttés
¼ tasse (60 ml) d'oignons verts hachés
¼ tasse (60 ml) de parmesan râpé finement
¼ tasse (60 ml) d'huile d'olive, et plus pour servir
1 c. à soupe (15 ml) de feuilles de romarin frais, hachées
2 gousses d'ail, hachées
Tranches de baguette

1. Dans un robot culinaire, mettre les haricots, les oignons verts, le fromage, l'huile, le romarin et l'ail. Réduire en purée de 30 à 40 s ou jusqu'à ce que le mélange soit presque homogène.

2. À la cuillère, transférer le mélange de haricots dans un bol de service. Arroser d'un filet d'huile d'olive juste avant de servir. Servir avec des tranches de baguette.

Donne 1¼ tasse (310 ml) de tartinade.

Conseil: Pour donner à la tartinade une texture plus grossière, mettez tous les ingrédients dans un bol moyen et écrasez-les avec un pilon à pommes de terre.

SALSA FRESCA AUX POMMES

1 pomme Délicieuse rouge, évidée et coupée en dés
1 pomme Granny Smith, évidée et coupée en dés
   Jus de ½ lime
3 c. à soupe (45 ml) de jus d'orange
½ oignon rouge, coupé en dés
2 c. à soupe (30 ml) de piments jalapeños en pot, égouttés et coupés en dés
¼ tasse (60 ml) de salsa, n'importe quelle sorte
1 c. à soupe (15 ml) de vinaigre de vin rouge
1 c. à soupe (15 ml) de cassonade tassée
1 c. à thé (5 ml) d'origan séché

1. Mélanger les pommes, le jus de lime et le jus d'orange dans un bol moyen. Ajouter l'oignon et les piments. Mélanger de nouveau. Ajouter la salsa, le vinaigre, la cassonade et l'origan. Bien mélanger. Servir à la température ambiante ou bien couvrir et réfrigérer jusqu'à 2 h.

Donne 6 portions.

Note : Cette salsa fait une belle garniture pour des salades.

Conseil : Taillez les pommes en très petits dés et servez la salsa avec des croustilles de maïs, en guise de trempette santé.

Temps de préparation : 15 min • **Temps total :** 15 min

Conseil

Quand on mélange des morceaux de pomme avec du jus d'agrumes, comme le jus de lime et d'orange dans le cas de cette recette, on les empêche de noircir. Les pommes, poires, bananes et pêches renferment une enzyme qui réagit au contact de l'air. En coupant le fruit, on endommage suffisamment les cellules pour que l'oxydation se produise. N'importe quel jus d'agrumes stoppera cette oxydation ; la cuisson ou la conservation dans de l'eau le feront également.

TREMPETTE AUX HARICOTS NOIRS ET AU PIMENT JALAPEÑO

1 boîte (19 oz/540 ml) de haricots noirs, égouttés et écrasés
1 tasse (250 ml) de monterey jack ou de cheddar (environ 4 oz ou 115 g),
    râpé grossièrement
⅓ tasse (75 ml) de mayonnaise
1 piment jalapeño, haché finement
½ c. à thé (3 ml) de cumin moulu
¼ c. à thé (1 ml) de poudre d'ail

1. Préchauffer le four à 375 °F (190 °C). Dans un bol moyen, mélanger les haricots, ½ tasse (125 ml) de fromage, la mayonnaise, le piment, le cumin et la poudre d'ail.

2. Transférer le mélange dans une petite cocotte et recouvrir avec la ½ tasse (125 ml) de fromage restante. Cuire à découvert pendant 20 min ou jusqu'à ce que le plat soit bien chaud. Servir avec vos croustilles ou craquelins préférés.

Donne 1½ tasse (375 ml) de trempette.

Temps de préparation : 5 min • **Temps de cuisson :** 20 min

FONDUE ÉPICÉE À LA BIÈRE

1 bouteille (12 oz/340 ml) de bière blonde
2 tasses (500 ml) de gruyère râpé grossièrement
1 tasse (250 ml) de cheddar râpé grossièrement
2 c. à soupe (30 ml) de farine tout usage
1 c. à thé (5 ml) de moutarde à l'ancienne
¼ c. à thé (1 ml) de sel
⅛ c. à thé (0,5 ml) de piment de Cayenne
¼ c. à thé (1 ml) de muscade moulue
    Tranches de pomme, cubes de pain, morceaux de pommes de terre cuites
        ou légumes coupés

1. Dans une casserole moyenne, amener la bière à ébullition. Cuire à feu moyen jusqu'à ce qu'il n'y ait plus de mousse, environ 5 min. Baisser le feu à doux.

2. Dans un bol moyen, mélanger les fromages et la farine. Ajouter graduellement le mélange de fromage dans la bière, en remuant constamment. Ajouter la moutarde, le sel et le piment de Cayenne. Cuire en remuant constamment, jusqu'à ce que le fromage soit fondu. Transférer la préparation dans le poêlon à fondue, sur feu doux, et saupoudrer de muscade. Servir avec des tranches de pomme, des cubes de pain, des morceaux de pommes de terre ou des légumes.

Donne 4 portions.

GUACAMOLE CLASSIQUE

4 c. à soupe (60 ml) d'oignon blanc haché finement (à diviser)

1 à 2 piments serranos ou jalapeños*, épépinés et hachés finement

1 c. à soupe (15 ml), plus 1½ c. à thé (8 ml) de coriandre fraîche hachée grossièrement (à diviser)

1 gousse d'ail, hachée

2 gros avocats mûrs

1 tomate moyenne, pelée et hachée

1 à 2 c. à thé (5 à 10 ml) de jus de lime frais pressé

¼ c. à thé (1 ml) de sel

Croustilles de maïs

*Les piments serranos et jalapeños peuvent piquer et irriter la peau. Il est donc conseillé de porter des gants en caoutchouc quand on les manipule et de ne pas se toucher les yeux.

1. Dans un grand mortier, mélanger 2 c. à soupe (30 ml) d'oignon, les piments, 1 c. à soupe (15 ml) de coriandre et l'ail. Écraser au pilon jusqu'à ce que le mélange soit presque onctueux. (On peut aussi préparer le mélange dans un robot culinaire ou un mélangeur. Ne pas trop mixer.)

2. Couper les avocats en deux dans le sens de la longueur. Retirer les noyaux et les jeter. Avec une cuillère, retirer la chair de l'avocat et la mettre dans un bol. Ajouter le mélange de piment. Écraser grossièrement, en laissant l'avocat sous forme de petits morceaux.

3. Ajouter la tomate, le jus de lime, le sel, les 2 c. à soupe (30 ml) d'oignon et la 1½ c. à thé (8 ml) de coriandre restantes au mélange d'avocat. Bien mélanger. Servir immédiatement ou bien couvrir et réfrigérer jusqu'à 4 h. Servir avec des croustilles de maïs.

Donne environ 2 tasses (500 ml) de trempette.

HOUMMOS AUX HARICOTS DE SOJA

1 paquet (1 lb/450 g) de haricots de soja (edamame) surgelés, dégelés
2 oignons verts, hachés grossièrement (environ ½ tasse/125 ml)
½ tasse (125 ml) de coriandre fraîche pas tassée
3 à 4 c. à soupe (45 à 60 ml) d'eau
2 c. à soupe (30 ml) d'huile de canola
1½ c. à soupe (23 ml) de jus de lime frais pressé
1 c. à soupe (15 ml) de miel
2 gousses d'ail
1 c. à thé (5 ml) de sel
¼ c. à thé (1 ml) de poivre noir
   Craquelins de riz, carottes miniatures, rondelles de concombre
      et pois gourmands.

1. Dans un robot culinaire, mettre les haricots de soja, les oignons verts, la coriandre, 3 c. à soupe (45 ml) d'eau, l'huile, le jus de lime, le miel, l'ail, le sel et le poivre. Réduire en une purée homogène. Au besoin, ajouter de l'eau pour rendre la trempette moins épaisse.

2. Servir avec des craquelins et des légumes. Conserver le reste de trempette au réfrigérateur jusqu'à 4 jours.

Donne environ 2 tasses (500 ml) de trempette.

TREMPETTE À LA TOMATE ET AU BASILIC

1 paquet (250 g) de fromage à la crème léger, ramolli
2 tomates italiennes, épépinées et hachées
2 c. à soupe (30 ml) de vinaigrette italienne piquante
2 c. à soupe (30 ml) de parmesan râpé grossièrement
1 c. à soupe (15 ml) de basilic frais haché finement

1. Étaler le fromage à la crème dans le fond d'un moule à tarte de 9 po (23 mm).

2. Mélanger les tomates et la vinaigrette. Étaler ce mélange sur le fromage. Saupoudrer de parmesan râpé et de basilic.

3. Servir avec des craquelins de blé entier ou un assortiment de légumes frais, coupés.

Donne 1¾ tasse (425 ml) ou 14 portions de 2 c. à soupe (30 ml) chacune.

Variante: Suivre la recette en remplaçant la vinaigrette italienne par de la vinaigrette balsamique.

Temps de préparation: 10 min

TREMPETTE TIÈDE AUX HARICOTS À LA MAROCAINE

2 c. à thé (10 ml) d'huile de canola
1 petit oignon, haché
2 gousses d'ail, hachées
2 boîtes (14 oz/398 ml chacune) de haricots blancs cannellini, rincés et égouttés
¾ tasse (175 ml) de tomates en dés en conserve, égouttées
½ c. à thé (3 ml) de curcuma (facultatif)
¼ c. à thé (1 ml) de sel
¼ c. à thé (1 ml) de cumin moulu
¼ c. à thé (1 ml) de cannelle moulue
¼ c. à thé (1 ml) de paprika
¼ c. à thé (1 ml) de poivre noir
⅛ c. à thé (0,5 ml) de clou de girofle moulu
⅛ c. à thé (0,5 ml) de piment de Cayenne
2 c. à soupe (30 ml) de yogourt nature
1 c. à soupe (15 ml) d'eau froide
¼ c. à thé (1 ml) de menthe séchée (facultatif)
Pain pita réchauffé, coupé en triangles

Directives pour cuisson à la mijoteuse

1. Chauffer l'huile dans une petite poêle à feu moyen/fort. Ajouter l'oignon et faire revenir 5 min ou jusqu'à ce qu'il soit translucide. Ajouter l'ail et faire revenir 1 min. Transférer dans la mijoteuse. Incorporer les haricots, les tomates et les épices. Couvrir et cuire à faible intensité pendant 6 h.

2. Verser le mélange de haricots et le liquide de cuisson dans un robot culinaire. Réduire le mélange en une purée grossière. (On peut aussi utiliser un mélangeur à main pour réduire les haricots en une purée grossière dans la mijoteuse même.) Transférer dans un bol de service.

3. Dans un petit bol, battre le yogourt et l'eau jusqu'à l'obtention d'un mélange homogène. Verser en filet sur la trempette et garnir de menthe. Servir la trempette tiède avec du pain pita coupé en triangles.

Donne 4 à 6 portions.

Temps de préparation : 15 min • **Temps de cuisson :** 6 h à faible intensité

TREMPETTE AUX ABRICOTS ET AU BRIE

½ tasse (125 ml) d'abricots secs, hachés finement
⅓ tasse (75 ml), plus 1 c. à soupe (15 ml) d'abricots en conserve (à diviser)
¼ tasse (60 ml) de jus de pomme
2 lb (900 g) de brie, sans la croûte, coupé en cubes
   Pains plats croustillants, craquelins ou légumes frais coupés en morceaux

Directives pour cuisson à la mijoteuse
1. Mettre les abricots secs, ⅓ tasse (75 ml) d'abricots en conserve et le jus de pomme dans la mijoteuse. Couvrir et cuire à intensité élevée pendant 40 min.

2. Incorporer le brie. Couvrir et cuire de 30 à 40 min ou jusqu'à ce que le fromage soit fondu. Incorporer la cuillerée à soupe (15 ml) d'abricots en conserve restante. Servir avec des pains plats croustillants, des craquelins ou des légumes.

Donne 3 tasses (750 ml) de trempette.

Temps de préparation : 10 min • **Temps de cuisson :** 1 h 10 à 1 h 20 (à intensité élevée)

TREMPETTE AU PIMENT FORT ET AU FROMAGE

1 paquet (1 lb/450 g) de produit de fromage fondu, coupé en gros morceaux
1 tasse (250 ml) de salsa douce avec gros morceaux
4 oz (115 g) de piments jalapeños en pot, coupés en dés
10 coquilles à tostadas ou 12 de coquilles à tacos, coupées en morceaux
   D'autres piments jalapeños en pot (facultatif)
   Tomates hachées (facultatif)

1. Mélanger le fromage, la salsa et les piments dans une petite casserole. Cuire à feu doux en remuant souvent, jusqu'à ce que le fromage soit entièrement fondu et bien mélangé.

2. Servir tiède avec des coquilles à tostadas ou à tacos. Garnir avec d'autres piments et des tomates, si désiré.

Donne environ 3 tasses (750 ml).

Conseil : Réchauffez simplement le reste de trempette au micro-ondes pendant 1 ou 2 min. Cette trempette est également excellente avec des légumes crus.

Temps de préparation : 3 min • **Temps total :** 15 min

TREMPETTE CHAUDE AU BROCOLI

  1 miche (1½ lb/700 g) de pain au levain
  ½ tasse (125 ml) de céleri haché
  ½ tasse (125 ml) de poivron rouge haché
  ¼ tasse (60 ml) d'oignon haché
  2 c. à soupe (30 ml) de beurre ou de margarine
  1 paquet (1 lb/450 g) de produit de fromage fondu, coupé en cubes
      de ½ po (12 mm)
  1 paquet (10 oz ou 285 g) de brocoli haché surgelé, dégelé et égoutté
  ¼ c. à thé (1 ml) de feuilles de romarin séchées, broyées
      Quelques gouttes de sauce piquante

1. Préchauffer le four à 350 °F. Découper le haut de la miche et évider le centre, en laissant une coquille de 1 po (25 mm) d'épaisseur. Couper le pain retiré en petites bouchées. Couvrir la coquille avec la calotte de pain. Déposer le pain sur une plaque de cuisson, ainsi que les morceaux de pain. Enfourner et cuire 15 min. Laisser refroidir un peu.

2. Faire revenir le céleri, le poivron rouge et l'oignon dans le beurre, dans une casserole moyenne et à feu moyen, jusqu'à tendreté. Baisser le feu à doux. Ajouter le fromage et cuire jusqu'à ce qu'il soit fondu, en remuant fréquemment. Ajouter le brocoli, le romarin et la sauce piquante. Bien mélanger. Cuire jusqu'à ce que le tout soit bien chaud, en remuant constamment.

3. Transférer la préparation dans la miche avec une cuillère. Servir chaud avec des morceaux de pain grillé, des craquelins ou un assortiment de légumes coupés.
Donne 2½ tasses (625 ml) ou 20 portions de 2 c. à soupe (30 ml) chacune.

Au micro-ondes : Dans un bol allant au micro-ondes, mélanger le céleri, le poivron rouge, l'oignon et le beurre. Cuire à puissance élevée pendant 1 min. Ajouter le fromage, le brocoli, le romarin et la sauce piquante. Bien mélanger. Cuire au micro-ondes de 5 à 6 min ou jusqu'à ce que le fromage soit fondu, en remuant au bout de 3 min.

Variante : Omettre la miche de pain. À la cuillère, transférer la trempette dans un bol de service. Servir avec des craquelins et un assortiment de légumes coupés.

Substitution : Préparez la recette selon les directives en utilisant du produit de fromage fondu léger.

Temps de préparation : 30 min • **Temps total :** 30 min

TAPENADE D'OLIVES

1 boîte (14 oz/398 ml) d'olives noires moyennes dénoyautées
½ tasse (125 ml) d'olives vertes farcies au piment
1 c. à soupe (15 ml) d'ail rôti*
½ c. à thé (3 ml) de moutarde sèche
½ tasse (125 ml) de feta émiettée
1 c. à soupe (15 ml) d'huile d'olive
Tranches de pain français grillées

*Pour rôtir l'ail, préchauffer le four à 400 °F (200 °C). Ôter les pelures extérieures et couper ¼ po (6 mm) du haut de la tête d'ail. Déposer l'ail, le côté coupé vers le haut, sur un morceau de papier aluminium épais. Arroser de 2 c. à thé (10 ml) d'huile d'olive. Emballer l'ail hermétiquement dans le papier aluminium. Cuire au four de 25 à 30 min ou jusqu'à ce que les gousses soient molles au toucher. Laisser refroidir un peu avant de presser la pulpe de l'ail.

1. Dans un robot culinaire ou un mélangeur, hacher finement les olives, l'ail rôti et la moutarde.

2. Dans un bol moyen, mélanger le mélange d'olives, la feta et l'huile, jusqu'à homogénéité. Servir avec du pain.

Donne 1¾ tasse (425 ml) de tapenade.

Conseil : Pour obtenir un maximum de goût, préparez cette tapenade plusieurs heures ou même un jour avant le service, afin de permettre aux saveurs de se mélanger.

TREMPETTE AUX ARTICHAUTS ET AU FROMAGE

2⅔ tasses (650 ml) de sauce au fromage pour nachos
1 boîte (14 oz ou 398 ml) de cœurs d'artichaut, égouttés et hachés grossièrement
1 tasse (250 ml) de monterey jack, râpé grossièrement ou coupé en tranches fines
½ tasse (125 ml) de lait concentré non sucré
2 c. à soupe (30 ml) de ciboulette ciselée (à diviser)
½ c. à thé (3 ml) de paprika
Craquelins ou croustilles

Directives pour cuisson à la mijoteuse
1. Mélanger la sauce, les cœurs d'artichaut, le fromage, le lait concentré, 1 c. à soupe (15 ml) de ciboulette et le paprika dans la mijoteuse. Couvrir et cuire à faible intensité pendant 2 h.

2. Bien mélanger. Parsemer le mélange de la cuillerée à soupe (15 ml) de ciboulette restante et servir avec des craquelins.

Donne environ 4 tasses (1 l) de trempette.

Temps de préparation : 5 min • **Temps de cuisson :** 2 h (à faible intensité)

TREMPETTE AU POIVRON ROUGE GRILLÉ ET CROUSTILLES DE TACOS

2 c. à soupe (30 ml) d'huile d'olive

1 oignon moyen, haché

3 c. à soupe (45 ml) de piments jalapeños en pot, coupés en dés

2 c. à thé (10 ml) d'ail haché

2 pots (12 oz/340 g chacun) de poivrons rouges grillés, égouttés

½ tasse (125 ml) de salsa avec gros morceaux

2 c. à soupe (30 ml) de vinaigre de vin rouge

1 c. à soupe (15 ml) de cassonade tassée

1 c. à thé (5 ml) de cumin moulu

½ c. à thé (3 ml) de sel

1 paquet de 12 coquilles de tacos

Sel supplémentaire, au goût

Trempette

1. Pour la trempette, chauffer l'huile dans une poêle moyenne. Ajouter l'oignon, les piments et l'ail. Cuire jusqu'à ce que l'oignon commence à brunir, environ 4 min.

2. Mettre le mélange d'oignon dans un robot culinaire avec les poivrons rouges, la salsa, le vinaigre, la cassonade, le cumin et le sel. Réduire en purée. Transférer dans un bol et couvrir hermétiquement. Réfrigérer au moins 1 h ou jusqu'à 48 h.

Croustilles

1. Pour les croustilles de tacos, préchauffer le four à 350 °F (180 °C). Disposer les coquilles de tacos sur une plaque de cuisson, enfourner et cuire 10 min. Sortir la plaque du four et casser délicatement les coquilles en morceaux. Saupoudrer de sel, si désiré. Servir avec la trempette.

Donne 2 tasses (500 ml) de trempette.

Temps de préparation : 10 min • **Temps total :** 30 min

Hors-d'œuvre

CROQUETTES DE MAÏS ET DE HARICOTS FRITS

1 boîte (14 oz/398 ml) de haricots sautés
1 tasse (250 ml) de coquilles de tacos broyées
1 œuf
1 c. à soupe (15 ml) de piments jalapeños en pot, coupés en dés
¼ tasse (60 ml) d'huile végétale
½ tasse (125 ml) de salsa
    Crème sure (facultatif)
    Coriandre fraîche, hachée (facultatif)

1. Mettre les haricots, les coquilles de tacos, l'œuf et les piments dans un grand bol. Bien mélanger, puis laisser reposer 5 min.

2. Chauffer l'huile dans une grande poêle. Déposer le mélange de haricots dans la poêle, par cuillerées à soupe combles. Ne pas trop remplir la poêle. Avec une spatule, écraser la préparation pour former des croquettes plates. Frire les croquettes environ 4 min, les retourner, puis les frire 4 min de plus. Les égoutter sur du papier absorbant. Cuire le reste de la préparation par fournées.

3. Déposer 1 c. à soupe (15 ml) de crème sure, si désiré, et 1 c. à soupe (15 ml) de salsa sur chaque croquette. Décorer de coriandre, si désiré. Servir tiède ou à la température ambiante.

Donne 6 à 8 portions.

Conseil: Bien que les croquettes constituent un délicieux plat d'accompagnement, garnies de crème sure et de coriandre, elles s'avèrent également une excellente entrée végétarienne.

Temps de préparation: 10 min • **Temps total:** 20 min

RAVIOLIS PANÉS,
SALSA FRAÎCHE DE TOMATE ET BASILIC

1 paquet (9 oz/255 g) de raviolis au fromage, frais
  Huile d'olive en vaporisateur
¾ tasse (175 ml) de chapelure sèche nature
2 c. à soupe (30 ml) de parmesan râpé finement
1 c. à thé (5 ml) de basilic séché
1 c. à thé (5 ml) d'origan séché
¼ c. à thé (1 ml) de poivre noir
2 blancs d'œufs
  Salsa fraîche de tomate et basilic (recette ci-dessous)

1. Cuire les raviolis selon les indications sur l'emballage. Les rincer à l'eau froide jusqu'à ce qu'ils soient froids. Bien les égoutter.

2. Préchauffer le four à 375 °F (190 °C). Vaporiser une plaque de cuisson antiadhésive d'huile d'olive. Dans un bol moyen, mélanger la chapelure, le fromage, le basilic, l'origan et le poivre.

3. Dans un plat peu profond, battre légèrement les blancs d'œufs. Ajouter les raviolis et bien les enrober. Transférer les raviolis, quelques-uns à la fois, dans le mélange de chapelure et bien les enrober. Disposer les raviolis sur la plaque de cuisson et les vaporiser d'huile d'olive.

4. Cuire les raviolis au four de 12 à 14 min ou jusqu'à ce qu'ils soient croustillants. Pendant ce temps, préparer la salsa fraîche de tomate et basilic. La servir avec les raviolis.

Donne 8 portions.

SALSA FRAÎCHE DE TOMATE ET BASILIC

1 lb (450 g) de tomates fraîches, pelées et épépinées
½ tasse (125 ml) de basilic frais, pas tassé
2 c. à soupe (30 ml) d'oignon haché
1 c. à thé (5 ml) de vinaigre de vin rouge
¼ c. à thé (1 ml) de sel

1. Mettre tous les ingrédients dans un robot culinaire et les hacher finement, mais pas jusqu'au point d'obtenir un mélange lisse.

Donne environ 1 tasse (250 ml) de salsa.

CHAMPIGNONS PORTOBELLOS
FARCIS AUX LÉGUMES

4 gros champignons portobellos
Enduit antiadhésif en vaporisateur
2 c. à thé (10 ml) d'huile d'olive ou de beurre
1 tasse (250 ml) de poivron vert ou rouge, haché
⅓ tasse (75 ml) d'échalotes françaises émincées ou d'oignon haché
2 gousses d'ail, hachées
1 tasse (250 ml) de courgette ou de courge d'été, hachée
½ c. à thé (3 ml) de sel
¼ c. à thé (1 ml) de poivre noir
1 tasse (250 ml) de chapelure panko* ou de chapelure fraîche, grillée
1 tasse (250 ml) de cheddar fort ou de mozzarella, râpé grossièrement

* La chapelure panko est une chapelure de style japonais, légère et croustillante. On la trouve au rayon des produits asiatiques dans la plupart des supermarchés.

1. Préchauffer le four en mode gril. Tapisser une plaque de cuisson avec du papier aluminium. Détacher délicatement les pieds des champignons. Les hacher et les réserver. À l'aide d'une cuillère, gratter et éliminer les lamelles brunes des chapeaux. Déposer les chapeaux, l'extérieur vers le haut, sur la plaque de cuisson. Les vaporiser légèrement d'enduit antiadhésif. Griller les champignons à 4 ou 5 po (10 ou 13 cm) du gril, 5 min ou jusqu'à ce qu'ils soient tendres.

2. Pendant ce temps, chauffer l'huile dans une grande poêle antiadhésive à feu moyen/fort. Ajouter le poivron, les échalotes et l'ail. Faire revenir 5 min ou jusqu'à ce que le poivron commence à brunir sur les bords. Incorporer les courgettes, les pieds de champignons réservés, le sel et le poivre. Faire revenir de 3 à 4 min ou jusqu'à tendreté. Retirer du feu et laisser refroidir 5 min. Incorporer la chapelure et le fromage.

3. Retourner les chapeaux de champignons. Les farcir avec le mélange de légumes. Les placer sous le gril 2 ou 3 min ou jusqu'à ce qu'ils soient gratinés et que le fromage soit fondu.

Donne 4 portions.

RATATOUILLE DU JARDIN

2 c. à soupe (30 ml) d'huile d'olive

1 tasse (250 ml) d'oignon doux haché

1 poivron jaune ou rouge, coupé en cubes de ½ po (12 mm)

4 gousses d'ail, hachées

1 aubergine moyenne (environ 12 oz/340 g), pelée et coupée en cubes
    de ½ po (12 mm)

1 boîte (14 oz/398 ml) de tomates étuvées style italien, hachées grossièrement

⅓ tasse (75 ml) d'olives noires ou Kalamata, dénoyautées et tranchées

1 c. à soupe (15 ml), plus 1½ c. à thé (8 ml), de vinaigre balsamique

½ c. à thé (3 ml) de sel

¼ c. à thé (1 ml) de flocons de piment rouge

¼ tasse (60 ml) de basilic ou de persil italien frais, haché

8 tranches de baguette

1. Chauffer l'huile dans une grande poêle profonde à feu moyen. Ajouter l'oignon et le faire revenir 5 min. Ajouter le poivron et l'ail. Les faire revenir 5 min. Incorporer l'aubergine, les tomates et les olives. Amener à ébullition sur feu fort. Baisser le feu, couvrir et laisser mijoter 15 min ou jusqu'à ce que les légumes soient tendres.

2. Incorporer le vinaigre, le sel et les flocons de piment. Cuire à découvert 2 min. Retirer du feu et incorporer le basilic. Servir tiède ou à la température ambiante sur des tranches de baguette grillées.

Donne 8 portions.

Note : La ratatouille est un classique provençal. Traditionnellement, on la sert en mets d'accompagnement.

TOFU POÊLÉ, SAUCE SÉSAME

- 3 c. à soupe (45 ml) de sauce soja ou de tamari
- 2 c. à soupe (30 ml) de vinaigre de riz non assaisonné
- 2 c. à thé (10 ml) de sucre
- 1 c. à thé (5 ml) de graines de sésame, grillées*
- 1 c. à thé (5 ml) d'huile de sésame foncée
- ⅛ c. à thé (0,5 ml) de flocons de piment rouge
- 1 paquet (1 lb/450 g) de tofu extra ferme
- 2 c. à soupe (30 ml) de farine tout usage
- 1 œuf
- ¾ tasse (175 ml) de chapelure panko**
- 4 c. à soupe (60 ml) d'huile végétale

*Pour griller les graines de sésame, les étaler dans une petite poêle. Secouer la poêle au-dessus d'un feu moyen/doux pendant environ 3 min ou jusqu'à ce que les graines commencent à sauter et à prendre une coloration dorée.

**La chapelure panko est une chapelure de style japonais, légère et croustillante. On la trouve au rayon des produits asiatiques dans la plupart des supermarchés.

1. Pour la sauce sésame, dans un petit bol, mélanger la sauce soja, le vinaigre, le sucre, les graines de sésame, l'huile de sésame et les flocons de piment. Réserver.

2. Presser le tofu et l'éponger entre deux papiers absorbants pour extraire le surplus d'eau. Le couper en travers en 4 tranches. Couper chaque tranche en diagonale pour obtenir des triangles. Mettre la farine dans un plat peu profond. Battre l'œuf dans un bol peu profond. Mettre la chapelure panko dans un autre bol peu profond.

3. Tremper chaque morceau de tofu dans la farine pour l'enrober légèrement sur toutes ses faces. Le tremper dans l'œuf, en le tournant pour l'enrober. L'égoutter, puis le rouler dans la chapelure panko pour l'enrober légèrement.

4. Chauffer 2 c. à soupe (30 ml) d'huile végétale dans une grande poêle antiadhésive à feu fort. Baisser le feu à moyen. Disposer la moitié du tofu en une seule couche. Cuire le tofu de 1 à 2 min de chaque côté ou jusqu'à ce qu'il soit bien doré. Répéter avec le reste de tofu, en ajoutant de l'huile au besoin. Servir avec la sauce sésame.

Donne 4 portions.

TAPAS ESPAGNOLES AUX POMMES DE TERRE (PATATAS BRAVAS)

2½ lb (1,15 kg) de petites pommes de terre rouges, coupées en 4
⅓ tasse (75 ml), plus 2 c. à soupe (30 ml) d'huile d'olive (à diviser)
1 c. à thé (5 ml) de gros sel ou de sel casher
½ c. à thé (3 ml) de romarin séché
1 boîte (14 oz/398 ml) de tomates en dés
2 c. à soupe (30 ml) de vinaigre de vin rouge
1 c. à soupe (15 ml) d'ail haché
1 c. à soupe (15 ml) d'assaisonnement au chili
1 c. à soupe (15 ml) de paprika
¼ c. à thé (1 ml) de sel
⅛ à ¼ c. à thé (0,5 à 1 ml) de piment de Cayenne

1. Préchauffer le four à 425 °F (220 °C).

2. Dans un grand bol, mélanger les pommes de terre, 2 c. à soupe (30 ml) d'huile, le gros sel et le romarin. Remuer pour bien enrober les pommes de terre. Étaler le mélange dans un grand plat peu profond allant au four. Rôtir les pommes de terre de 35 à 40 min ou jusqu'à ce qu'elles soient croustillantes et bien dorées, en les tournant toutes les 10 min.

3. Pour la sauce, mélanger les tomates, le ⅓ tasse (75 ml) d'huile restant, le vinaigre, l'ail, l'assaisonnement au chili, le paprika, ¼ c. à thé (1 ml) de sel et le piment de Cayenne dans un mélangeur ou un robot culinaire. Mélanger, sans plus. Verser la sauce dans une grande casserole. Couvrir et cuire à feu moyen/fort 5 min ou jusqu'à léger épaississement. Laisser refroidir un peu.

4. Pour servir, verser la sauce en filet sur les pommes de terre ou la servir à part pour y tremper les pommes de terre.

Donne 10 à 12 portions.

Note : On peut préparer la sauce jusqu'à 24 heures à l'avance, puis la couvrir et la réfrigérer. La laisser à la température ambiante ou la réchauffer avant de servir.

SPANAKOPITA GRECQUE

Huile d'olive en vaporisateur
1 c. à thé (5 ml) d'huile d'olive
1 gros oignon, coupé en quartiers et émincé
2 gousses d'ail, hachées
1 paquet (10 oz/285 g) d'épinards hachés surgelés, dégelés et essorés
½ tasse (125 ml) de feta émiettée
5 feuilles de pâte phyllo, dégelées*
2 œufs
¼ c. à thé (1 ml) de muscade
¼ à ½ c. à thé (1 à 3 ml) de poivre noir
⅛ c. à thé (0,5 ml) de sel

*Dégeler le paquet de pâte phyllo entier au réfrigérateur durant la nuit.

1. Préchauffer le four à 375 °F (190 °C). Vaporiser d'huile d'olive un plat carré de 8 po (20 cm) allant au four.

2. Chauffer l'huile dans une grande poêle à feu moyen. Ajouter l'oignon et le faire revenir de 7 à 8 min ou jusqu'à ce qu'il ait ramolli. Ajouter l'ail et faire revenir 30 s. Ajouter les épinards et le fromage. Faire revenir jusqu'à ce que les épinards soient bien chauds. Retirer du feu.

3. Étaler 1 feuille de pâte phyllo sur le comptoir, le bord long vers soi. (Couvrir les feuilles restantes avec un linge humide jusqu'à l'utilisation.) Vaporiser la moitié droite de la pâte d'huile d'olive. Plier la moitié gauche par-dessus la moitié vaporisée. Déposer la feuille dans le plat préparé. (Deux bords dépasseront des côtés du plat.) Vaporiser le dessus de la feuille. Vaporiser et plier deux autres feuilles de phyllo de la même manière. Déposer les feuilles dans le plat, à un angle de 90 degrés de manière que les bords dépassent des quatre côtés du plat. Vaporiser chaque feuille après l'avoir placée dans le plat.

4. Dans un petit bol, mélanger les œufs, la muscade, le poivre et le sel. Incorporer le mélange d'épinards et bien mélanger. Étendre la farce sur la pâte dans le plat. Vaporiser et plier 1 feuille de phyllo comme ci-dessus. La déposer par-dessus la farce, en coinçant les coins sous la farce. Ramener tous les bords de phyllo qui dépassent par-dessus la feuille du dessus. Vaporiser légèrement. Vaporiser et plier la dernière feuille comme ci-dessus. La placer sur la feuille du dessus, en coinçant les extrémités par-dessous. Vaporiser légèrement.

5. Cuire au four de 25 à 27 min ou jusqu'à ce que le dessus soit à peine doré. Laisser refroidir de 10 à 15 min avant de servir.

Donne 4 portions.

RONDELLES DE FROMAGE DE CHÈVRE TIÈDES

1 bûche (4 oz/115 g) de fromage de chèvre
1 œuf
1 c. à soupe (15 ml) d'eau
⅓ tasse (75 ml) de chapelure assaisonnée

1. Couper le fromage en huit rondelles de ¼ po (6 mm) d'épaisseur. (Si le fromage est trop difficile à couper, façonner des cuillerées à soupe à peine pleines de fromage de chèvre en boules, puis les aplatir en rondelles de ¼ po ou 6 mm d'épaisseur.)

2. Dans un petit bol, battre l'œuf et l'eau. Mettre la chapelure dans un plat peu profond. Tremper les rondelles de fromage dans le mélange d'œuf, puis dans la chapelure, en les tournant pour les enrober de toutes parts. Presser délicatement la chapelure pour qu'elle adhère au fromage. Déposer les rondelles enrobées sur une assiette et les placer au congélateur 10 min.

3. Cuire les rondelles de fromage de chèvre dans une poêle antiadhésive moyenne, à feu moyen/fort, environ 2 min de chaque côté ou jusqu'à ce qu'elles soient bien dorées. Servir immédiatement.

Donne 4 portions.

Suggestions : On peut servir les rondelles de fromage de chèvre avec une sauce marinara chaude ou sur des salades mélangées, assaisonnées d'une vinaigrette.

Conseil

Le fromage de chèvre se présente dans une grande variété de formes et de formats. Le fromage de chèvre frais est habituellement vendu sous une forme cylindrique, souvent enrobé d'herbes ou de poivre noir, bien que l'on trouve également des fromages ronds, carrés et même de forme pyramidale. La texture peut aller de crémeuse à assez ferme, et la saveur varier de douce à prononcée et un peu sauvage. Il est bon d'essayer plusieurs sortes de fromage de chèvre afin de trouver celui qu'on préfère.

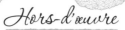
TARTE AUX CHAMPIGNONS ET AU BRIE

1 fond de tarte de 9 po (23 cm) non cuit
2 c. à soupe (30 ml) de beurre
1 paquet (4 oz/115 g) de champignons exotiques tranchés
   (pleurotes, shiitakes, creminis)
⅓ tasse (75 ml) d'échalote française ou d'oignon doux haché
1 c. à soupe (15 ml) de thym frais, haché, ou 1 c. à thé de thym séché
½ c. à thé (3 ml) de sel
¼ c. à thé (1 ml) de poivre noir
3 œufs
½ tasse (125 ml) de crème 10 %
4 oz (115 g) de brie, sans croûte, coupé en cubes de ¼ po (6 mm)

1. Préchauffer le four à 350 °F (180 °C). Disposer le fond de tarte dans un moule à tarte de 9 po (23 cm) à fond amovible. Enfourner et cuire 10 min. Laisser refroidir.

2. Augmenter la température du four à 375 °F (190 °C). Faire fondre le beurre dans une grande poêle à feu moyen. Ajouter les champignons et l'échalote. Cuire 5 min en remuant de temps en temps. Incorporer le thym, le sel et le poivre. Cuire 3 min ou jusqu'à ce que le liquide soit presque entièrement absorbé. Retirer du feu et laisser reposer 5 min.

3. Battre les œufs dans un grand bol. Incorporer la crème, puis le fromage. Ajouter le mélange de champignons et bien battre. Verser la préparation dans le fond de tarte. Cuire au four de 25 à 30 min ou jusqu'à ce que le centre soit pris et la croûte, bien dorée. Laisser refroidir au moins 10 min sur une grille avant de servir. Découper en pointes et servir tiède ou à la température ambiante.

Donne 8 portions.

Mets de fête

COUPES FESTIVES AUX ÉPINARDS ET ARTICHAUTS

Enduit antiadhésif en vaporisateur
36 carrés de pâte à won ton de 3 po (76 mm)
1 pot (6 oz/180 ml) de cœurs d'artichauts marinés, égouttés et hachés
½ paquet (10 oz/285 g) d'épinards hachés surgelés, dégelés et essorés
1 tasse (250 ml) de monterey jack râpé grossièrement
½ tasse (125 ml) de parmesan râpé finement
½ tasse (125 ml) de mayonnaise
1 gousse d'ail, hachée

1. Préchauffer le four à 300 °F (150 °C). Vaporiser 36 petits moules à muffins (1¾ po/44 mm) d'enduit antiadhésif. Presser un carré à won ton dans chaque moule. Vaporiser légèrement d'enduit antiadhésif. Enfourner et cuire environ 9 min ou jusqu'à ce que la pâte soit légèrement dorée. Retirer les coupes des moules et les laisser refroidir sur une grille*.

2. Entre-temps, mettre les cœurs d'artichauts, les épinards, les fromages, la mayonnaise et l'ail dans un bol moyen. Bien mélanger.

3. Farcir chaque coupe avec environ 1½ c. à thé (8 ml) de mélange d'artichauts et d'épinards. Mettre les coupes farcies sur une plaque de cuisson. Cuire au four environ 7 min ou jusqu'à ce que la farce soit bien chaude. Servir immédiatement.

Donne 36 amuse-gueule.

* On peut préparer les coupes en pâte à won ton jusqu'à une semaine à l'avance. Les laisser refroidir complètement et les conserver dans un contenant hermétique.

Conseil: S'il reste du mélange d'artichauts et d'épinards après que vous aurez rempli les coupes, mettez-le dans un plat à four peu profond et cuisez-le au four à 350 °F (180 °F), jusqu'à ce qu'il soit chaud et bouillonnant. Servez-le en trempette avec du pain ou des craquelins.

PIMENTS FORTS PANÉS

1 boîte (4 oz/115 g) de piments jalapeños entiers, égouttés
1 tasse (250 ml) de cheddar râpé
⅓ tasse (75 ml) de fromage à la crème, ramolli
¼ tasse (60 ml) de coriandre fraîche, hachée
½ tasse (125 ml) de farine tout usage
2 œufs, légèrement battus
2 tasses (500 ml) de corn flakes écrasés
   Huile végétale
   Salsa, n'importe quelle sorte
   Crème sure

1. Couper les jalapeños en deux dans le sens de la longueur. Retirer les graines.

2. Mélanger le cheddar, le fromage à la crème et la coriandre dans un petit bol. Déposer 1 à 1½ c. à thé (5 à 8 ml) de mélange de fromage dans chaque moitié de jalapeño. Réfrigérer pendant 15 min ou jusqu'à ce que le fromage soit ferme.

3. Tremper chaque jalapeño dans la farine, puis secouer l'excédent. Le tremper dans les œufs, puis l'enrober de corn flakes écrasés.

4. Verser 1 po (25 mm) d'huile végétale dans une poêle moyenne. Chauffer l'huile à feu fort pendant 1 min. Frire les jalapeños, en les tournant souvent à l'aide d'une pince, jusqu'à ce qu'ils soient bien dorés de toutes parts. Les retirer de la poêle et les égoutter sur du papier absorbant. Servir avec la salsa et la crème sure.

Donne 8 portions.

Conseil

Les piments jalapeños tiennent leur nom de Jalapa, une ville du Mexique. Leur force varie d'un piment à l'autre. En ôtant ses graines et ses membranes, on atténue la saveur piquante du piment puisque la capsaïcine, le composé qui en est responsable, se concentre essentiellement dans ces deux parties. En général, les jalapeños s'emploient verts. Une fois mûrs, ils prennent une couleur vive rouge cerise.

QUICHES MINIATURES AU FROMAGE

4 œufs
¼ c. à thé (1 ml) de sel
¼ c. à thé (1 ml) de poivre noir
¾ tasse (175 ml) de fromage suisse râpé grossièrement
1 fond de tarte de 9 po (23 cm), non cuit

1. Préchauffer le four à 300 °F (150 °C). Vaporiser 20 petits moules à muffins (1¾ po/44 mm) d'enduit antiadhésif.

2. Dans un bol moyen, battre les œufs, le sel et le poivre. Incorporer le fromage.

3. Abaisser le fond de tarte en un cercle de 13 po (33 cm). Découper la pâte à l'aide d'un emporte-pièce rond de 3 po (7,5 cm). Récupérer les chutes et abaisser la pâte de nouveau jusqu'à obtenir 20 cercles. Disposer les cercles dans les moules à muffins préparés. Remplir les moules avec le mélange d'œufs.

4. Cuire au four 30 min ou jusqu'à ce que le dessus soit soufflé et qu'un cure-dents inséré au centre ressorte propre.

Donne 20 quiches.

QUICHES MINIATURES AUX ASPERGES

8 pointes d'asperges
3 œufs
¼ c. à thé (1 ml) de sel
¼ c. à thé (1 ml) de poivre noir
1 fond de tarte de 9 po (23 cm), non cuit

1. Préchauffer le four à 300 °F (150 °C). Vaporiser 20 petits moules à muffins (1¾ po/44 mm) d'enduit antiadhésif.

2. Nettoyer les asperges. Les couper en rondelles fines en biais ou les hacher grossiè-rement pour obtenir ½ tasse (125 ml). Dans une casserole, amener 3 tasses (750 ml) d'eau à ébullition. Ajouter les asperges et cuire 2 min à feu moyen. Égoutter les asperges dans une passoire et les passer sous l'eau froide pour interrompre la cuisson.

3. Dans un bol moyen, battre les œufs, le sel et le poivre. Incorporer les asperges.

4. Abaisser le fond de tarte en un cercle de 13 po (33 cm). Découper la pâte à l'aide d'un emporte-pièce rond de 3 po (7,5 cm). Récupérer les chutes et abaisser la pâte de nouveau jusqu'à obtenir 20 cercles. Disposer les cercles dans les moules à muffins préparés. Remplir les moules avec le mélange d'œufs.

5. Cuire au four 30 min ou jusqu'à ce que le dessus soit gonflé et qu'un cure-dents inséré au centre ressorte propre.

Donne 20 quiches.

GÂTEAU AU FROMAGE AU PIMENT

1 paquet (1,25 oz /37 ml) de mélange d'assaisonnement à taco
2 c. à soupe (30 ml) de semoule de maïs
2 paquets (250 g) de fromage à la crème, ramolli
1 contenant (250 g) de fromage à la crème aux légumes
2 boîtes (4 oz/115 g chacune) de piments jalapeños entiers, coupés en dés
3 œufs
1 c. à thé (5 ml) de poudre d'ail
1 pot (14½ oz/480 ml) de salsa, n'importe quelle sorte
2 tasses (500 ml) de cheddar râpé grossièrement
   Salsa supplémentaire (facultatif)

1. Préchauffer le four à 350 °F (180 °C). Vaporiser le fond et la paroi d'un moule à charnière de 9 po (23 cm) d'enduit antiadhésif. Mélanger l'assaisonnement à taco et la semoule de maïs. Saupoudrer ce mélange sur le fond et la paroi du moule préparé.

2. Battre ensemble les fromages à la crème, les piments, les œufs et la poudre d'ail dans un grand bol, jusqu'à ce que le mélange soit onctueux. Verser la moitié de la pâte dans le moule préparé. Étendre la salsa uniformément sur la pâte. Parsemer le cheddar sur la salsa. Répartir le reste de pâte sur le fromage.

3. Cuire au four de 50 à 55 min ou jusqu'à ce que les bords soient pris, mais que le centre bouge encore un peu. Détacher le gâteau au fromage de la paroi du moule à l'aide d'un couteau. Laisser refroidir complètement sur une grille, puis ouvrir le moule. Couper en pointes pour servir. Garnir avec d'autre salsa, si désiré.

Donne 12 portions.

Temps de préparation : 15 min • **Temps total :** 75 min

Conseil

Servi avec des croustilles ou des craquelins de maïs, ce gâteau au fromage est un plat excellent qu'on peut préparer à l'avance pour une réception. Pour une présentation encore plus festive, garnissez-le de gelée de piments jalapeños.

PAIN PLAT MÉDITERRANÉEN

2 c. à soupe (30 m) d'huile d'olive (à diviser en deux)
½ tasse (125 ml) d'oignon jaune tranché finement
½ tasse (125 ml) de poivron rouge tranché finement
½ tasse (125 ml) de poivron vert tranché finement
1 paquet (11 oz/310 g) de pâte à pain français, fraîche
2 gousses d'ail, hachées
½ c. à thé (3 ml) de romarin séché
⅛ c. à thé (0,5 ml) de flocons de piment rouge (facultatif)
⅓ tasse (75 ml) d'olives Kalamata dénoyautées, hachées grossièrement
¼ tasse (60 ml) de parmesan râpé finement

1. Préchauffer le four à 350 °F (180 °C).

2. Dans une grande poêle, chauffer 1 c. à soupe (15 ml) d'huile à feu moyen/fort. Ajouter l'oignon et les poivrons. Faire revenir 5 min ou jusqu'à ce que l'oignon commence à brunir. Retirer du feu.

3. Abaisser la pâte sur une plaque de cuisson antiadhésive. Dans un petit bol, mélanger l'ail et la cuillerée à soupe d'huile restante. Badigeonner la pâte uniformément. Parsemer de romarin et de flocons de piment rouge, si désiré. Garnir avec le mélange d'oignon et parsemer d'olives.

4. Cuire au four de 16 à 18 min ou jusqu'à ce que le pain soit bien doré. Saupoudrer de fromage. Laisser refroidir sur une grille. Couper le pain plat en deux dans le sens de la longueur, puis le recouper en travers en bandes de 1 po (2,5 cm) de large.

Donne 16 portions.

COUPES DE CHAMPIGNONS À LA CRÈME

2 c. à soupe (30 ml) de beurre
4 oz (115 g) de champignons, hachés grossièrement
¼ c. à thé (1 ml) de sel
2 gousses d'ail, hachées
2 c. à soupe (30 ml) de xérès sec
¼ tasse (60 ml) de crème à fouetter
15 coupes miniatures de pâte phyllo surgelées, dégelées et réchauffées
¼ tasse (60 ml) de persil frais, haché

1. Faire fondre le beurre dans une grande poêle antiadhésive à feu moyen. Ajouter les champignons et le sel. Faire revenir 3 min ou jusqu'à tendreté. Ajouter l'ail et faire revenir 15 s.

2. Ajouter le xérès et bien mélanger. Incorporer la crème. Cuire en remuant pendant 2 min ou jusqu'à ce que la préparation ait épaissi.

3. Farcir les coupes de pâte phyllo avec le mélange de champignons. Parsemer de persil et servir immédiatement.

Donne 5 portions.

BRIE AU FOUR EN CROÛTE DE NOIX

⅓ tasse (75 ml) de pacanes
⅓ tasse (75 ml) d'amandes
⅓ tasse (75 ml) de noix de Grenoble
1 œuf
1 c. à soupe (15 ml) de crème à fouetter
1 brie rond (8 oz/225 g)
2 c. à soupe (30 ml) de confiture de framboises

1. Préchauffer le four à 350 °F (180 °C). Mettre les noix dans le robot culinaire et les hacher mais pas trop. Transférer les noix hachées dans un plat peu profond.

2. Mélanger l'œuf et la crème dans un autre plat peu profond. Fouetter jusqu'à mélange complet.

3. Tremper le brie dans le mélange d'œuf, puis dans le mélange de noix, en le tournant pour bien l'enrober. Presser les noix pour qu'elles adhèrent au fromage.

4. Déposer le brie sur une plaque de cuisson. Étaler la confiture sur le dessus. Cuire au four 15 min ou jusqu'à ce que le fromage soit chaud et mou.

Donne 8 portions.

TARTE AUX OIGNONS CARAMÉLISÉS

2 c. à soupe (30 ml) de beurre
4 tasses (1 l) d'oignons émincés
½ c. à thé (3 ml) de sel
½ c. à thé (3 ml) de thym séché
½ tasse (125 ml) de salsa
2 c. à soupe (30 ml) de piments jalapeños en conserve, coupés en dés
1 fond de tarte (9 po/23 cm) frais, non cuit
½ tasse (125 ml) de cheddar râpé grossièrement

1. Préchauffer le four à 350 °F (180 °C). Dans une grande casserole, faire fondre le beurre à feu moyen. Ajouter les oignons, le sel et le thym. Bien remuer. Couvrir et cuire 5 min, en remuant de temps en temps pour empêcher les oignons de brûler. Baisser le feu et poursuivre la cuisson, en remuant de temps en temps, pendant 15 min ou jusqu'à ce que les oignons soient bien dorés et caramélisés. Incorporer la salsa et les jalapeños.

2. Mettre le fond de tarte dans un moule à tarte de 9 po (23 cm) à fond amovible. Piquer la pâte à plusieurs reprises avec une fourchette. Étaler uniformément le mélange d'oignon sur la pâte.

3. Cuire au four 20 min ou jusqu'à ce que la pâte commence à dorer sur les bords. Parsemer uniformément le fromage sur la tarte. Cuire au four 5 min de plus. Sortir la tarte du four et la laisser reposer 5 min. La démouler délicatement et la servir chaude ou à la température ambiante.

Donne 6 à 8 portions.

Conseil : Pour un brunch ou un lunch spécial, on peut utiliser de la salsa verte dans la garniture de la tarte et servir la tarte avec un mesclun de salades.

Temps de préparation : 20 min • **Temps total :** 1 h

FONDUE À LA GUIMAUVE

1 lb (450 g) de chocolat au lait, haché
2 pots (7 oz/210 ml chacun) de crème de guimauve
⅔ tasse (150 ml) de crème 10 %
2 c. à thé (10 ml) de vanille
4 bananes
    Guimauves miniatures
24 biscuits Graham
24 fraises

Directives pour cuisson à la mijoteuse

1. Dans la mijoteuse, mélanger le chocolat, la crème de guimauve, la crème et la vanille. Couvrir et cuire à faible intensité de 1½ à 3 h, en remuant au bout d'une heure.

2. Couper les bananes en rondelles de ½ po (12 mm). Verser le mélange de chocolat dans un bol de service ou un poêlon à fondue. Garnir la fondue avec des guimauves miniatures et la servir avec des rondelles de banane, des biscuits Graham et des fraises.

Donne 8 à 12 portions.

NOIX PIMENTÉES

1 lb (450 g) de noix mélangées
4 c. à soupe (60 ml) de beurre fondu
2 c. à soupe (30 ml) de mélange d'assaisonnement à taco piquant
1 c. à soupe (15 ml) de cassonade dorée

1. Préchauffer le four à 325 °F (160 °C). Dans un grand bol, mettre les noix, le beurre, l'assaisonnement et la cassonade, et bien mélanger.

2. Étendre le mélange de noix dans un plat à four. Cuire au four 20 min, en remuant au bout de 10 min. Servir chaud, si désiré. Pour conserver les noix, les laisser refroidir, les mettre dans un contenant hermétique et les garder jusqu'à deux semaines.

Donne 1 lb (450 g).

Conseil : Vous pouvez saupoudrer ces noix sur votre crème glacée favorite et obtenir un dessert savoureux au goût piquant.

Conseil : Pour les offrir à des amis ou à de la parenté, emballez ces délicieuses noix pimentées dans une boîte en métal décorative. Vous pouvez également partager cette recette en la transcrivant sur une étiquette-cadeau.

Temps de préparation : 5 min • **Temps total :** 25 min

CARRÉS DE PIZZA FROIDE AUX LÉGUMES

2 boîtes (8 oz/225 g chacune) de pâte à croissants fraîche
1 paquet (250 g) de fromage à la crème, ramolli
½ tasse (125 ml) de mayonnaise
1 c. à thé (5 ml) de feuilles d'aneth
½ c. à thé (3 ml) de sel d'oignon
1 tasse (250 ml) de fleurons de brocoli
1 tasse (250 ml) de poivron vert haché
1 tasse (250 ml) de tomates épépinées hachées
¼ tasse (60 ml) d'oignon rouge haché

1. Préchauffer le four à 375 °F (190 °C). Diviser la pâte en 4 rectangles. Presser la pâte dans le fond et sur les parois d'un plat de 15 x 10 x 1 po (38 x 25 x 2,5 cm) allant au four pour former la croûte.

2. Cuire au four de 11 à 13 min ou jusqu'à ce que la pâte soit bien dorée. Laisser refroidir.

3. Mélanger le fromage à la crème, la mayonnaise, l'aneth et le sel d'oignon jusqu'à consistance homogène. Étaler le mélange sur la croûte et garnir avec les ingrédients restants. Réfrigérer, puis découper en carrés.

Donne 32 portions.

Temps de préparation : 20 min, plus la réfrigération • **Temps de cuisson :** 13 min

Conseil

Pour ramollir facilement le fromage à la crème, sortez-le de son emballage et mettez-le dans un plat moyen allant au micro-ondes. Mettez au micro-ondes à puissance moyenne (50 %) de 15 à 20 s ou jusqu'à ce que le fromage soit légèrement ramolli.

POIS CHICHES RÔTIS ÉPICÉS

1 boîte (19 oz/540 ml) de pois chiches, rincés et bien égouttés
3 c. à soupe (45 ml) d'huile d'olive
½ c. à thé (3 ml) de sel
½ c. à thé (3 ml) de poivre noir
¾ à 1 c. à soupe (10 à 15 ml) d'assaisonnement au chili
⅛ à ¼ c. à thé (0,5 à 1 ml) de piment de Cayenne
1 lime coupée en quartiers

1. Préchauffer le four à 400 °F (200 °C).

2. Dans un grand bol, mélanger les pois chiches, l'huile, le sel et le poivre. Étaler les pois chiches en une seule couche dans un grand plat peu profond de 15 x 10 po (38 x 25 cm) allant au four. Cuire au four 15 min ou jusqu'à ce que les pois chiches commencent à brunir, en secouant le plat à deux reprises.

3. Parsemer d'assaisonnement au chili et de piment de Cayenne au goût. Cuire au four 5 min ou jusqu'à ce que les pois chiches aient une couleur rouge doré foncé. Servir avec des quartiers de lime.

Donne 4 portions.

FONDUE SAVOYARDE FACILE

1 lb (450 g) de fromage suisse (gruyère, emmental ou un mélange des deux)
    à faible teneur en sodium, râpé grossièrement ou en cubes
2 c. à soupe (30 ml) de fécule de maïs
1 gousse d'ail, émincée
1 tasse (250 ml) de vin blanc
1 c. à soupe (15 ml) de kirsch ou de cherry brandy (facultatif)
Pincée de muscade
Poivre noir moulu

1. Dans un bol moyen, enrober le fromage de fécule de maïs, puis réserver. Frotter avec l'ail l'intérieur d'un poêlon à fondue ou d'une casserole épaisse. Jeter l'ail. Amener le vin à faible ébullition sur feu moyen. Incorporer graduellement le fromage pour obtenir une fondue onctueuse. Incorporer le kirsch ou le cherry brandy, si désiré. Garnir de muscade et de poivre.

2. Servir avec des petits morceaux de baguette, de brocoli, de chou-fleur, de pomme ou de poire, piqués avec des fourchettes à fondue ou des brochettes en bois.

Donne 1¼ tasse (310 ml) de fondue.

Amuse-gueule

POMMES DE TERRE GRELOTS FARCIES

1 lb (450 g) de pommes de terre grelots rouges
¼ tasse (60 ml) de crème sure
2 c. à soupe (30 ml) de beurre, ramolli
½ c. à thé (3 ml) d'ail haché
¼ tasse (60 ml) de lait
½ tasse (4 oz/115 g) de cheddar fort râpé grossièrement
½ c. à thé (3 ml) de sel
¼ c. à thé (1 ml) de poivre noir
¼ tasse (60 ml) d'oignons verts hachés finement (facultatif)

Directives pour préparation au micro-ondes

1. Avec une fourchette, piquer les pommes de terre à plusieurs endroits. Cuire les pommes de terre au micro-ondes à puissance élevée de 5 à 6 min ou jusqu'à ce qu'elles soient tendres. Les laisser reposer 5 min, puis les couper en deux dans le sens de la longueur. Avec une cuillère, retirer la chair des pommes de terre et réserver les pelures.

2. Dans un bol moyen, battre la chair des pommes de terre au batteur électrique, à faible vitesse, pendant 30 s. Ajouter la crème sure, le beurre et l'ail. Battre jusqu'à ce que le tout soit bien mélangé. Ajouter graduellement le lait, en battant jusqu'à obtenir un mélange homogène. Ajouter le fromage, le sel et le poivre, et battre jusqu'à obtenir un mélange homogène.

3. Farcir chaque pelure de pomme de terre avec une quantité de farce égale. Mettre au micro-ondes à puissance élevée de 1 à 2 min ou jusqu'à ce que le fromage soit fondu. Garnir d'oignons verts.

Donne 4 portions.

BOUCHÉES AU BRIE

1 paquet (17 oz/480 g) de pâte feuilletée surgelée, dégelée
¼ tasse (60 ml) de confiture d'abricots ou de gelée de piment rouge
1 brie rond (8 oz/225 g), coupé en 32 morceaux

1. Préchauffer le four à 400 °F (200 °C). Découper chaque feuille de pâte en 16 carrés.

2. Étaler ¼ c. à thé (3 ml) de confiture d'abricots sur chaque carré. Poser un cube de brie sur un côté de chaque carré. Plier le bord opposé par-dessus et, avec une fourchette, sceller les bords complètement. Déposer les bouchées à 1 po (2,5 cm) d'intervalle les unes des autres sur des plaques de cuisson non graissées.

3. Cuire au four de 10 à 13 min ou jusqu'à ce que la pâte soit bien dorée.

Donne 32 bouchées.

KUGELS MINIATURES AUX CERISES

1¼ tasse (310 ml) de nouilles aux œufs, coupées en petits morceaux
4 œufs
1 tasse (250 ml) de ricotta
½ tasse (125 ml) de crème sure
½ tasse (125 ml) de crème à fouetter
3 c. à soupe (45 ml) de sucre
½ c. à thé (3 ml) de sel
½ tasse (125 ml) de cerises séchées, hachées

1. Préchauffer le four à 350 °C (180 °C). Vaporiser 12 petits moules à muffins (1¾ po/4,5 cm) d'enduit antiadhésif.

2. Cuire les nouilles selon les indications sur l'emballage. Bien les égoutter.

3. Dans un grand bol, battre les œufs, la ricotta, la crème sure, la crème à fouetter, le sucre et le sel avec un batteur électrique à vitesse moyenne, jusqu'à homogénéité. Incorporer les nouilles et les cerises. À la cuillère, déposer la préparation dans les moules à muffins préparés, en les remplissant aux trois quarts.

4. Cuire au four 50 min ou jusqu'à ce que les kugels soient soufflés et dorés. Les laisser refroidir dans le moule 1 min, puis les démouler sur un plat de service.

Donne 12 portions.

TARTINES DE POIS CHICHES ET DE POIVRON GRILLÉ AUX OLIVES

2 gousses d'ail, pelées
1 boîte (19 oz/540 ml) de pois chiches, rincés et égouttés
1 tasse (250 ml) de lanières de poivron rouge grillé, égouttées et hachées
¼ tasse (60 ml) d'huile d'olive
   Sel et poivre noir
½ tasse (125 ml) d'olives noires dénoyautées, égouttées
¼ tasse (60 ml) d'olives vertes farcies au piment, égouttées
24 tranches (¼ po/12 mm) de baguette, grillées

1. Mettre l'ail dans le bec du robot culinaire en marche. Ajouter les pois chiches et le poivron grillé dans le bol, et mixer jusqu'à former une pâte. Ajouter l'huile et mixer jusqu'à ce que le mélange soit homogène. Transférer le mélange de pois chiches dans un bol moyen. Saler et poivrer. Couvrir et laisser reposer 30 min.

2. Pendant ce temps, mettre les olives noires et vertes dans le bol nettoyé du robot culinaire. Activer jusqu'à ce que les olives soient hachées grossièrement.

3. Tartiner 2 c. à soupe (30 ml) de mélange de pois chiches sur chaque tranche de pain. Garnir de 1 c. à soupe (15 ml) de mélange d'olives. Servir à la température ambiante.

Donne 24 amuse-gueule.

Note : Le mélange de pois chiches restant fait une excellente trempette pour des légumes frais.

Conseil : On peut préparer les mélanges de pois chiches et d'olives deux jours à l'avance. Les réfrigérer séparément dans des contenants hermétiques.

ŒUFS À LA DIABLE DOUX ET PIQUANTS

6 œufs durs, écalés et coupés dans le sens de la longueur
4 à 5 c. à soupe (60 à 75 ml) de mayonnaise
¼ c. à thé (1 ml) de poudre de cari
¼ c. à thé (1 ml) de poivre noir
⅛ c. à thé (0,5 ml) de sel
   Pincée de paprika
¼ tasse (60 ml) de cerises ou de canneberges séchées, hachées finement
1 c. à thé (5 ml) de ciboulette fraîche, ciselée
   Ciboulette fraîche entière (facultatif)

1. Mettre les jaunes d'œufs dans un bol et réserver les blancs. Écraser les jaunes et bien les mélanger avec la mayonnaise. Incorporer la poudre de cari, le poivre, le sel et le paprika. Incorporer les cerises et la ciboulette ciselée.

2. Avec une douille ou une cuillère, farcir les blancs d'œufs avec le mélange de jaunes. Décorer de ciboulette entière.

Donne 12 portions.

HARICOTS DE SOJA RÔTIS MORDANTS

2 c. à soupe (30 ml) d'huile végétale
2 c. à thé (10 ml) de miel
¼ c. à thé (1 ml) de poudre de wasabi*
1 paquet (10 oz/285 g) de haricots de soja (edamame) écossés, dégelés si surgelés
   Sel casher

*La poudre de wasabi se trouve au rayon asiatique de la plupart des supermarchés et dans les épiceries asiatiques.

1. Préchauffer le four à 375 °F (190 °C).

2. Dans un grand bol, mélanger l'huile, le miel et la poudre de wasabi. Ajouter les haricots de soja et mélanger pour les enrober. Les étaler en une seule couche sur une plaque de cuisson.

3. Cuire les haricots de soja au four de 12 à 15 min ou jusqu'à ce qu'ils soient bien dorés, en les remuant une fois. Les retirer immédiatement de la plaque de cuisson et les transférer dans un grand bol. Saupoudrer généreusement de sel. Laisser refroidir complètement avant de servir. Conserver dans un contenant hermétique.

Donne 4 à 6 portions.

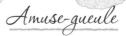

Amuse-gueule

BOUCHÉES DE POLENTA AU FROMAGE PIMENTÉES

  3 tasses (750 ml) d'eau
  1 tasse (250 ml) de semoule de maïs
  ½ c. à thé (3 ml) de sel
  ¼ c. à thé (1 ml) d'assaisonnement au chili
  1 c. à soupe (15 ml) de beurre
  ¼ tasse (60 ml) d'oignon ou d'échalote française haché
  1 c. à soupe (15 ml) de piment jalapeño haché*
  ½ tasse (125 ml) de cheddar fort ou de fontina râpé grossièrement

*Les piments jalapeños peuvent piquer ou irriter la peau. Il est donc conseillé de porter des gants en caoutchouc quand on les manipule et de ne pas se toucher les yeux.

1. Graisser un moule carré de 8 po (20 cm). Dans une grande casserole, amener l'eau à ébullition sur feu fort. Ajouter lentement la semoule de maïs, en remuant constamment. Baisser le feu à doux. Cuire en remuant jusqu'à ce que la semoule soit tendre et que l'eau soit absorbée. Incorporer le sel et l'assaisonnement au chili.

2. Faire fondre le beurre dans une petite casserole à feu moyen/fort. Ajouter l'oignon et le jalapeño. Faire revenir de 3 à 5 min ou jusqu'à tendreté. Incorporer ce mélange au gruau de maïs et bien remuer. Étendre le mélange dans le moule préparé. Laisser reposer 1 heure ou jusqu'à ce que la préparation soit froide et ferme.

3. Préchauffer le four en position gril. Couper la polenta en 16 carrés. Disposer les carrés sur une plaque de cuisson antiadhésive et parsemer de fromage. Placer à 4 po (10 cm) du gril et cuire 5 min ou jusqu'à ce que le fromage soit fondu et ait légèrement gratiné. Couper les carrés en deux. Servir chaud ou à la température ambiante.

Donne 32 amuse-gueule.

Conseil: Pour une saveur plus pimentée, ajoutez ⅛ à ¼ c. à thé (0,5 à 1 ml) de flocons de piment rouge au mélange d'oignon et de jalapeño.

Amuse-gueule

QUARTIERS DE POIVRON ROUGE
AU FROMAGE DE CHÈVRE AUX HERBES

2 petits poivrons rouges
1 bûchette (4 oz/115 g) de fromage de chèvre nature, ramolli
⅓ tasse (75 ml) de fromage à la crème fouettée
2 c. à soupe (30 ml) de ciboulette fraîche, ciselée
1 c. à thé (5 ml) d'aneth frais, ciselé
   Brins d'aneth frais (facultatif)

1. Couper le haut des poivrons. Couper chaque poivron en 6 quartiers. Ôter le cœur, les graines et les membranes.

2. Dans un petit bol, bien mélanger le fromage de chèvre, le fromage à la crème, la ciboulette et l'aneth ciselés. À la douille ou à la cuillère, déposer 1 c. à soupe (15 ml) de mélange de fromage de chèvre sur chaque quartier de poivron. Décorer avec des brins d'aneth.

Donne 6 portions.

OLIVES MARINÉES AUX AGRUMES

1 tasse (250 ml) de grosses olives vertes, égouttées
1 tasse (250 ml) d'olives Kalamata, égouttées
⅓ tasse (75 ml) d'huile d'olive extra vierge
¼ tasse (60 ml) de jus d'orange
3 c. à soupe (45 ml) de vinaigre de xérès ou de vinaigre de vin rouge
2 c. à soupe (30 ml) de jus de citron
1 c. à soupe (15 ml) de zeste d'orange râpé finement
1 c. à soupe (15 ml) de zeste de citron râpé finement
½ c. à thé (3 ml) de cumin moulu
¼ c. à thé (1 ml) de flocons de piment rouge

1. Mélanger tous les ingrédients dans un bol en verre moyen. Laisser reposer toute la nuit à la température ambiante. Réfrigérer pour conserver jusqu'à deux semaines.

Donne 2 tasses (500 ml).

BOULETTES DE MANCHEGO PANÉES

¼ tasse (60 ml) de beurre
1 c. à soupe (15 ml) d'échalote française ou d'oignon haché
½ tasse (125 ml) de farine tout usage
¾ tasse (175 ml) de lait
½ tasse (125 ml) de manchego (ou de parmesan) râpé finement (à diviser)
¼ c. à thé (1 ml) de sel
¼ c. à thé (1 ml) de paprika fumé
⅛ c. à thé (0,5 ml) de muscade moulue
1 œuf
½ tasse (125 ml) de chapelure
   Huile végétale

1. Faire fondre le beurre dans une poêle moyenne à feu moyen. Ajouter l'échalote et faire revenir 2 min. Incorporer la farine et faire revenir 2 min. Ajouter le lait graduellement en fouettant et cuire jusqu'à ce que la préparation arrive à ébullition. Retirer du feu. Incorporer ¼ tasse (60 ml) de fromage, le sel, le paprika et la muscade.

2. Transférer la préparation dans un petit bol. Couvrir et réfrigérer pendant plusieurs heures ou jusqu'à 24 h.

3. Avec les mains légèrement enfarinées, façonner des cuillerées à thé de pâte en boulettes de 1 po (2,5 cm).

4. Battre l'œuf dans un bol peu profond. Dans un autre bol peu profond, mélanger la chapelure et le quart de tasse (60 ml) de fromage restant. Tremper chaque boulette dans l'œuf, puis la rouler dans le mélange de chapelure.

5. Chauffer ¼ tasse (60 ml) d'huile dans une poêle moyenne à feu moyen/fort. Frire les croquettes par fournées jusqu'à ce qu'elles soient dorées de toutes parts, en rajoutant de l'huile au besoin. Égoutter les croquettes sur du papier absorbant et les servir chaudes.

Donne 6 portions.

Note : On peut maintenir les croquettes cuites au chaud dans un four à 200 °F (100 °C) jusqu'à 30 min avant de les servir.

CAVIAR D'ORGE

4 tasses (1 l) d'eau
½ c. à thé (3 ml) de sel (à diviser)
¾ tasse (175 ml) d'orge perlé non cuit
½ tasse (125 ml) d'olives farcies au piment, tranchées
½ tasse (125 ml) de poivron rouge haché finement
1 branche de céleri, hachée
1 grosse échalote française, hachée finement
1 piment jalapeño*, haché, ou ¼ c. à thé (1 ml) de flocons de piment rouge
2 c. à soupe (30 ml), plus 1 c. à thé (5 ml) d'huile d'olive
4 c. à thé (20 ml) de vinaigre de vin blanc
¼ c. à thé (1 ml) de cumin moulu
⅛ c. à thé (0,5 ml) de poivre noir
Feuilles d'endive ou de laitue Boston

*Les piments jalapeños peuvent piquer ou irriter la peau. Il est donc conseillé de porter des gants en caoutchouc quand on les manipule et de ne pas se toucher les yeux.

1. Dans une casserole moyenne, mettre l'eau et ¼ c. à thé (1 ml) de sel et amener à ébullition sur feu fort. Incorporer l'orge. Couvrir et baisser le feu à doux. Laisser mijoter pendant 45 min ou jusqu'à ce que l'orge soit tendre. Retirer du feu et laisser reposer 5 min. Rincer l'orge sous l'eau froide et bien l'égoutter. Mettre l'orge dans un grand bol.

2. Incorporer les olives, le poivron, le céleri, l'échalote et le jalapeño. Dans un petit bol, mélanger l'huile, le vinaigre, le quart de cuillerée à thé (1 ml) de sel restant, le cumin et le poivre noir. Verser l'assaisonnement sur le mélange d'orge et remuer délicatement pour bien enrober. Laisser reposer 10 min. Pour servir, à la cuillère, déposer le mélange d'orge sur des feuilles d'endive.

Donne 8 portions.

CROQUETTES MINIATURES DE POIS CHICHES

1 boîte (19 oz/540 ml) de pois chiches, rincés et égouttés
1 tasse (250 ml) de carottes râpées
⅓ tasse (75 ml) de chapelure sèche assaisonnée
¼ tasse (60 ml) de vinaigrette italienne crémeuse, et plus pour servir
1 œuf

1. Préchauffer le four à 375 °F (190 °C). Vaporiser des plaques de cuisson d'enduit antiadhésif.

2. Dans un bol moyen, écraser grossièrement les pois chiches au pilon à pommes de terre. Incorporer les carottes, la chapelure, ¼ tasse (60 ml) de vinaigrette et l'œuf. Bien mélanger.

3. Façonner le mélange de pois chiches en 24 croquettes, en utilisant environ 1 cuillerée à soupe (15 ml) de mélange par croquette. Placer les croquettes sur les plaques de cuisson préparées.

4. Cuire au four de 15 à 18 min ou jusqu'à ce que les croquettes de pois chiches soient légèrement dorées des deux côtés, en les tournant à mi-cuisson. Servir les croquettes chaudes avec d'autre vinaigrette en guise de trempette.

Donne 2 douzaines de croquettes.

BOUCHÉES RAFFINÉES

1 paquet (250 g) de fromage à la crème, ramolli
2 oz (60 g) de feta au basilic et à la tomate ou de feta nature
2 gousses d'ail, hachées
30 coupes miniatures de pâte phyllo ou 15 coupes miniatures de pâte feuilletée
Garnitures du commerce, telles que pesto aux tomates séchées au soleil, tapenade de poivron rouge et d'artichaut, pesto au basilic ou tartinade d'olives noires

1. Dans un petit bol, battre le fromage à la crème, la feta et l'ail avec un batteur électrique, à basse vitesse, jusqu'à ce que le mélange soit homogène.

2. Déposer le mélange de fromage dans chaque coupe. Ajouter les garnitures de son choix.

Donne 30 amuse-gueule.

Roulés et rouleaux

BARQUETTES DE LÉGUMES ASIATIQUES, SAUCE SOJA À LA LIME

¼ tasse (60 ml) de sauce soja
2 c. à soupe (30 ml) de jus de lime
1 gousse d'ail, écrasée
1 c. à thé (5 ml) de miel
½ c. à thé (3 ml) de gingembre frais, haché finement
¼ c. à thé (1 ml) d'huile de sésame foncée
⅛ à ¼ c. à thé (0,5 à 1 ml) de flocons de piment rouge
½ tasse (125 ml) de concombre râpé
⅓ tasse (75 ml) de carotte râpée
¼ tasse (60 ml) de poivron jaune tranché
2 c. à soupe (30 ml) d'oignon vert tranché finement
18 petites feuilles de laitue
Graines de sésame (facultatif)

1. Dans un petit bol, mélanger la sauce soja, le jus de lime, l'ail, le miel, le gingembre, l'huile et les flocons de piment rouge. Dans un bol moyen, mélanger le concombre, la carotte, le poivron et l'oignon vert. Incorporer 1 c. à soupe (15 ml) de mélange de sauce soja dans le mélange de légumes.

2. Déposer environ 1 c. à soupe (15 ml) de mélange de légumes sur chaque feuille de laitue. Saupoudrer de graines de sésame, si désiré. Servir avec le reste de sauce en guise de trempette.

Donne 6 portions.

Temps de préparation : 15 min

CROISSANTS FOURRÉS AUX LÉGUMES ET AU FROMAGE

 2 c. à soupe (30 ml) de beurre
½ tasse (125 ml) d'oignon haché
½ tasse (125 ml) de poivron rouge haché
½ tasse (125 ml) de champignons hachés
½ tasse (125 ml) de fleurons de brocoli hachés
½ tasse (125 ml) de bière
¼ c. à thé (1 ml) de sel
¼ c. à thé (1 ml) de poivre noir
 1 paquet de pâte à croissants fraîche
½ tasse (115 g) de cheddar râpé grossièrement

1. Faire fondre le beurre dans une poêle moyenne à feu moyen. Ajouter l'oignon et le poivron rouge. Faire revenir 3 min ou jusqu'à tendreté. Ajouter les champignons, le brocoli, la bière, le sel et le poivre. Cuire 5 min ou jusqu'à ce que la bière se soit évaporée. Laisser refroidir.

2. Préchauffer le four à 375 °F (190 °C). Diviser la pâte à croissants en 8 morceaux. Parsemer environ 1 c. à soupe (15 ml) de cheddar sur l'extrémité large d'un morceau de pâte. Garnir avec 1 c. à soupe (15 ml) de farce. Rouler la pâte par-dessus la farce. Fermer la pâte en la pressant, puis lui donner la forme d'un croissant. Déposer le croissant sur une plaque de cuisson graissée. Répéter l'opération avec les restes de pâte, de fromage et de farce.

3. Cuire au four de 11 à 13 min ou jusqu'à ce que les croissants soient bien dorés. Servir chaud.

Donne 8 portions.

Conseil

Les champignons s'avèrent un excellent moyen de rehausser le parfum et la saveur des plats de légumes. Le goût alléchant, que l'on retrouve dans les champignons, le fromage, les tomates mûres et la viande notamment, est parfois désigné sous le terme de « unami » par les Japonais. Les champignons renferment beaucoup d'« umami » et peuvent rehausser la saveur d'autres ingrédients, sans toutefois les dominer.

CÔNES DE GUACAMOLE

6 tortillas (6 po/15 cm) de blé
1 c. à soupe (15 ml) d'huile végétale
1 c. à thé (5 ml) d'assaisonnement au chili
2 avocats mûrs
1½ c. à soupe (23 ml) de jus de lime frais pressé
1 c. à soupe (15 ml) d'oignon vert haché finement
¼ c. à thé (1 ml) de sel
¼ c. à thé (1 ml) de poivre noir
Trait de sauce piquante (facultatif)
2 ou 3 tomates italiennes, hachées

1. Préchauffer le four à 350 °F (180 °C). Tapisser une plaque de cuisson avec du papier parchemin.

2. Couper les tortillas en deux. Rouler chaque moitié de tortilla en forme de cône et la fixer avec un cure-dents. Badigeonner l'extérieur de chaque cône avec de l'huile, puis saupoudrer légèrement d'assaisonnement au chili. Déposer les cônes sur la plaque de cuisson préparée.

3. Cuire au four 9 min ou jusqu'à ce que les cônes soient légèrement dorés. Retourner les cônes à l'envers et les cuire au four 5 min ou jusqu'à ce qu'ils soient bien dorés de toutes parts. Laisser refroidir 1 min. Retirer les cure-dents et laisser refroidir complètement.

4. Couper les avocats en deux et retirer les noyaux. Avec une cuillère, enlever la chair des avocats. La mettre dans un bol moyen et l'écraser à la fourchette. Incorporer le jus de lime, l'oignon vert, le sel, le poivre noir et la sauce piquante, si désiré. Bien mélanger.

5. Farcir le fond d'un cône de tortilla avec 1 c. à soupe (15 ml) de tomate hachée, puis garnir avec une petite cuillerée de guacamole et terminer par d'autres tomates hachées. Servir immédiatement.

Donne 12 cônes.

Roulés et rouleaux

ROULÉS AU PIMENT FORT ET AU FROMAGE

4 oz (115 g) de fromage à la crème, ramolli
1 tasse (250 ml) de cheddar râpé grossièrement
1 pot (4 oz/115 g) de piments jalapeños tranchés, coupés en dés
3 oignons verts, tranchés
½ tasse (125 ml) de poivron rouge haché
¼ tasse (60 ml) d'olives noires tranchées, égouttées et hachées
4 tortillas (8 po/20 cm) de blé
Salsa, n'importe quelle sorte

1. Mélanger le fromage à la crème, le cheddar, les piments, les oignons verts, le poivron et les olives dans un bol moyen.

2. Étaler ½ tasse (125 ml) de mélange de fromage sur chaque tortilla. Rouler les tortillas. Envelopper chaque rouleau dans une pellicule plastique et réfrigérer pendant 1 h.

3. Ôter la pellicule plastique. Découper chaque rouleau en six rondelles de ¼ po (6 mm) chacune. Servir les roulés avec de la salsa en guise de trempette.

Donne 24 roulés.

Conseil : On peut préparer les roulés au piment fort et au fromage, puis les conserver au réfrigérateur 1 ou 2 jours.

ROULÉS AU BEURRE D'ARACHIDE ET À LA POMME

¾ tasse (175 ml) de beurre d'arachide crémeux
4 tortillas (7 po/18 cm) de blé entier ou aux épinards
¾ tasse (175 ml) de pomme hachée finement
⅓ tasse (75 ml) de carotte râpée
⅓ tasse (75 ml) de muesli sans raisins secs
1 c. à soupe (15 ml) de germe de blé grillé

1. Tartiner le beurre d'arachide sur un côté de chaque tortilla. Répartir également la pomme, la carotte, le muesli et le germe de blé sur chaque tortilla. Rouler la tortilla en serrant bien, puis la couper en deux. La servir immédiatement ou l'emballer dans une pellicule plastique et la réfrigérer jusqu'au moment de servir.

Donne 4 portions.

SANDWICH À LA RATATOUILLE

⅓ tasse (75 ml) d'huile d'olive
⅓ tasse (75 ml) de moutarde forte
1 c. à soupe (15 ml) de romarin frais, haché, ou 1 c. à thé (5 ml) de romarin séché
3 gousses d'ail, hachées
½ tasse (125 ml) d'olives Kalamata, dénoyautées et hachées
½ petite aubergine (environ 12 oz ou 340 g)
1 courgette moyenne
1 gros oignon rouge
2 grosses tomates italiennes mûres
1 gros poivron rouge
1 baguette (12 po/30 cm) au levain, coupée en deux dans le sens de la longueur
(environ 12 oz/340 g)

1. Dans un petit bol, mélanger l'huile, la moutarde, le romarin et l'ail. Mettre les olives dans un robot culinaire et ajouter 2 c. à soupe (30 ml) de mélange de moutarde. Couvrir et mixer jusqu'à homogénéité. Réserver. Réserver le mélange de moutarde restant.

2. Couper l'aubergine et la courgette en longueur en tranches de ¼ po (6 mm) d'épaisseur. Couper l'oignon et les tomates en rondelles de ½ po (12 mm) d'épaisseur. Couper le poivron rouge en longueur en morceaux de 2 po (5 cm) de large et jeter les graines. Mettre les légumes dans un plat. Les arroser avec le mélange de moutarde réservé.

3. Mettre les légumes sur la grille ou le panier à légumes huilés. Griller les légumes à température moyenne/élevée de 3 à 5 min ou jusqu'à ce qu'ils soient tendres, en les arrosant et les tournant une fois.

4. Pour servir, ôter le surplus de mie des moitiés de baguette. Tartiner le mélange d'olives sur le pain. Superposer les légumes sur la moitié de baguette inférieure, puis couvrir avec la moitié supérieure. Couper la baguette en travers en 4 portions.

Donne 4 portions.

Trempette à la tapenade d'olives : Dans un robot culinaire, mélanger 1½ tasse (375 ml) d'olives Kalamata dénoyautées, 3 c. à soupe (45 ml) d'huile d'olive, 3 c. à soupe (45 ml) de moutarde forte, 1 c. à thé (5 ml) de romarin séché haché et 1 gousse d'ail. Réduire en purée. Servir avec des crudités.

Donne environ 1 tasse (250 ml) de trempette.

Temps de préparation : 25 min • **Temps de cuisson :** 5 min

CORNETS DE LAITUE À LA PATATE DOUCE GRILLÉE, ASSAISONNEMENT HOISIN

1 à 2 grosses patates douces (environ 12 oz/340 g), coupées en cubes de ½ po (12 mm)
1 gros oignon, coupé en 8 quartiers
1 c. à soupe (15 ml) d'huile végétale
   Assaisonnement hoisin (recette ci-dessous)
12 grosses feuilles de laitue Boston
2 tasses (500 ml) de chou râpé ou de salade de chou en paquet
½ tasse (125 ml) de carottes râpées
½ tasse (125 ml) d'arachides rôties

1. Préchauffer le four à 425 °F (220 °C). Tapisser une plaque de cuisson avec du papier aluminium. Disposer les patates douces et l'oignon sur la plaque. Les arroser d'un filet d'huile et remuer délicatement. Cuire au four 20 min ou jusqu'à ce que l'oignon commence à brunir sur les bords et que les patates douces soient tendres, en remuant une fois.

2. Pendant ce temps, préparer l'assaisonnement hoisin (voir ci-dessous).

3. Pour servir, garnir chaque feuille de laitue avec du chou, du mélange de patate douce et des carottes. Arroser de 1 c. à soupe (15 ml) d'assaisonnement et parsemer d'arachides. Replier le dessous de la feuille par-dessus la garniture, puis replier les deux côtés pour former une enveloppe.

Donne 4 portions.

ASSAISONNEMENT HOISIN

¼ tasse (60 ml) de beurre d'arachide crémeux
¼ tasse (60 ml) d'eau
3 c. à soupe (45 ml) de sauce hoisin
2 c. à soupe (30 ml) de jus de lime
1 c. à soupe (15 ml) d'huile végétale
1 c. à soupe (15 ml) de ketchup
3 gousses d'ail
2 c. à thé (10 ml) de gingembre frais, râpé
⅛ c. à thé (0,5 ml) de flocons de piment rouge

1. Mélanger tous les ingrédients dans un petit bol. Fouetter jusqu'à ce que le tout soit bien mélangé.

Donne environ ¾ tasse (175 ml) d'assaisonnement.

ROULÉS D'AUBERGINE

1 grosse aubergine (environ 1¼ lb/570 g)
3 c. à soupe (45 ml) d'huile d'olive extra vierge
    Sel et poivre noir
1 tasse (250 ml) de ricotta au lait entier
½ tasse (125 ml) d'asiago ou de parmesan, râpé finement
¼ tasse (60 ml) de tomates séchées au soleil, conservées dans l'huile, hachées
¼ tasse (60 ml) de basilic ou de persil italien frais, haché
⅛ c. à thé (0,5 ml) de flocons de piment rouge
    Tomates cerises, coupées en deux (facultatif)
    Thym frais (facultatif)

1. Préchauffer le four en position gril. Ôter la tige de l'aubergine et la jeter. Peler l'aubergine, si désiré. Couper l'aubergine sur la longueur en 6 tranches d'environ ¼ po (6 mm) d'épaisseur. Badigeonner les deux côtés de l'aubergine avec l'huile, saler et poivrer. Déposer l'aubergine sur la grille de la lèchefrite.

2. Griller l'aubergine à 4 po (10 cm) du gril, de 4 à 5 min de chaque côté ou jusqu'à ce qu'elle soit bien dorée et un peu ramollie. Laisser refroidir à la température ambiante.

3. Dans un petit bol, mettre la ricotta, l'asiago ou le parmesan, les tomates séchées, le basilic et les flocons de piment rouge. Bien mélanger. Répartir le mélange également sur les tranches d'aubergine. Rouler chaque tranche et couper le rouleau en deux en travers. Disposer les rouleaux, le joint vers le bas, sur un plat de service. Décorer avec des tomates cerises et du thym. Servir chaud ou à la température ambiante.

Donne 6 portions.

BARQUETTES DE LAITUE À LA SALADE ESTIVALE

¼ tasse (60 ml) d'huile d'olive extra vierge
   Jus de 1 lime
 1 c. à soupe (15 ml) de vinaigre de vin rouge
 1 tasse (250 ml) de tomates sur vigne coupées en 2
 1 tasse (250 ml) de maïs en grains frais
 ½ tasse (125 ml) de mozzarella fraîche coupée en dés
 ¼ tasse (60 ml) d'oignon rouge coupé en dés
 ¼ tasse (60 ml) de basilic frais, haché
   Sel et poivre noir
   6 feuilles de laitue

1. Dans un grand bol, fouetter l'huile, le jus de lime et le vinaigre.

2. Ajouter les tomates, le maïs, la mozzarella, l'oignon et le basilic et bien mélanger. Saler et poivrer au goût.

3. Pour servir, déposer à la cuillère ¼ tasse (60 ml) de mélange de salade sur chaque feuille de laitue.

Donne 3 portions.

ROULÉS À LA BANANE

¼ tasse (60 ml) de beurre d'amande
 2 c. à soupe (30 ml) de pépites de chocolat miniatures
 1 à 2 c. à soupe (15 à 30 ml) de lait
 1 tortilla (8 po/20 cm) de farine de blé entier
 1 grosse banane

Directives pour préparation au micro-ondes

1. Dans un bol moyen allant au micro-ondes, mélanger le beurre d'amande, les pépites de chocolat et 1 c. à soupe (15 ml) de lait. Mettre au micro-ondes à puissance moyenne (50 %) pendant 40 s. Bien mélanger. Répéter au besoin pour faire fondre le chocolat. Ajouter davantage de lait, si nécessaire, pour obtenir une consistance de tartinade.

2. Tartiner le mélange de beurre d'amande sur la tortilla. Déposer la banane d'un côté de la tortilla et rouler la tortilla. Découper en 8 rondelles.

Donne 2 portions.

ROULEAUX DE PATATE DOUCE EN PÂTE PHYLLO

¾ tasse (175 ml) de patate douce cuite, écrasée
¾ c. à thé (4 ml) de vanille
½ c. à thé (3 ml) de cannelle moulue
4 feuilles de pâte phyllo surgelée, dégelées
   Enduit antiadhésif en vaporisateur à saveur de beurre
¼ tasse (60 ml) de pacanes hachées finement
2 c. à soupe (30 ml) de sirop d'érable pur
   Fraises fraîches (facultatif)

1. Préchauffer le four à 375 °F (190 °C). Tapisser une plaque de cuisson avec du papier parchemin. Dans un petit bol, mettre la patate douce, la vanille et la cannelle, et bien mélanger.

2. Dérouler la pâte phyllo, en gardant les feuilles empilées. Les couvrir avec une grande feuille de papier ciré et un linge humide. Prendre une feuille à la fois et la placer sur la surface de travail, le petit côté vers vous. Vaporiser légèrement d'enduit antiadhésif.

3. Étaler 3 c. à soupe (45 ml) de mélange de patate douce sur le bord étroit de la pâte phyllo. Saupoudrer de 1 c. à soupe (15 ml) de pacanes hachées. Rouler. Couper le rouleau en trois morceaux et les déposer sur la plaque de cuisson préparée. Répéter avec le reste de feuilles de phyllo, de pacanes et de mélange de patate douce.

4. Vaporiser le dessus des rouleaux d'enduit antiadhésif. Cuire au four de 15 à 20 min ou jusqu'à ce que les rouleaux soient bien dorés. Arroser d'un filet de sirop d'érable. Décorer de fraises.

Donne 12 rouleaux.

Bon à savoir

Le sirop d'érable pur peut sembler coûteux, mais il faut de 20 à 50 gallons (35 à 40 litres) de sève pour fabriquer un seul gallon (1 litre) de sirop. Il a énormément plus de saveur que le sirop à crêpes, qui n'est généralement rien de plus que du sirop de maïs auquel on a ajouté de l'essence d'érable. Le sirop d'érable pur fait même l'objet d'une classification : le sirop de classe A est clair et a une saveur douce ; le sirop de classe B est plus foncé et a un goût plus prononcé ; le sirop de classe C est ambré et a un goût encore plus corsé.

ROULÉS MEXICAINS

⅔ tasse (150 ml) de fromage à la crème, ramolli
¾ tasse (175 ml) de crème sure
1 paquet d'ensemble à tacos souples de (16 oz/465 g)
1 pot (4 oz/115 g) de piments jalapeños tranchés, égouttés et coupés en dés
¾ tasse (175 ml) de cheddar râpé finement
20 lanières de poivron rouge grillé de 2½ po (63 mm)

1. Battre ensemble le fromage à la crème, la crème sure et l'assaisonnement à taco contenu dans l'ensemble à tacos souples, jusqu'à homogénéité. Incorporer les piments et le fromage.

2. Étaler également 3 c. à soupe (45 ml) de mélange de fromage à la crème sur chaque tortilla contenue dans l'ensemble à tacos. Déposer 2 lanières de poivron rouge au centre de chaque tortilla. Rouler la tortilla et l'emballer dans de la pellicule plastique.

3. Laisser au réfrigérateur pendant au moins 3 h.

4. Couper chaque rouleau en 7 tranches (¾ po/2 cm).

5. Servir avec la sauce à tacos contenue dans l'ensemble, en guise de trempette.

Donne 70 roulés.

Note: Les lanières de poivron rouge grillé se vendent en pot de 16 oz (500 ml) au rayon des condiments dans la plupart des supermarchés.

BURRITOS MINIATURES AU FROMAGE

½ tasse (125 ml) de haricots frits
4 tortillas (8 po/20 cm) de blé
½ tasse (125 ml) de salsa avec gros morceaux
4 bâtonnets de fromage effilochable

Directives pour préparation au micro-ondes

1. Répartir les haricots sur les tortillas, en laissant une bordure de ½ po (12 mm) tout autour des tortillas. À la cuillère, déposer la salsa sur les haricots.

2. Placer un bâtonnet de fromage sur un bord de chaque tortilla, puis rouler la tortilla. Mettre les burritos, le joint vers le bas, dans un plat allant au micro-ondes.

3. Mettre au micro-ondes à puissance élevée de 1 à 2 min ou jusqu'à ce que le fromage soit fondu. Laisser reposer 1 ou 2 min avant de servir.

Donne 4 portions.

Plats principaux

Table des matières

Variations de légumes

RAGOÛT DE MAÏS FAÇON POLENTA

1 ¾ tasse (425 ml) de bouillon de légumes
½ tasse (125 ml) de semoule de maïs
1 tasse (250 ml) de maïs en grains, égoutté
1 pot (4 oz/115 g) de piments jalapeños tranchés, égouttés et coupés en dés
¼ tasse (60 ml) de poivron rouge coupé en dés
½ c. à thé (3 ml) de sel
¼ c. à thé (1 ml) de poivre noir
1 tasse (250 ml) de cheddar râpé grossièrement

Directives pour cuisson à la mijoteuse

1. Verser le bouillon dans la mijoteuse. Au fouet, incorporer la semoule de maïs. Ajouter le maïs, les piments, le poivron, le sel et le poivre. Couvrir et cuire à faible intensité de 4 à 5 h ou à intensité élevée de 2 à 3 h.

2. Incorporer le cheddar. Cuire à découvert de 15 à 30 min ou jusqu'à ce que le fromage fonde.

Donne 6 portions.

Suggestion pour le service : Répartissez la préparation au maïs cuite dans des ramequins ou un moule à tarte légèrement graissés. Couvrez et réfrigérez. Servez à la température ambiante ou réchauffé au four ou au micro-ondes.

TABOULÉ DE CHOU-FLEUR

1 gros chou-fleur, coupé en fleurons
3 c. à soupe (45 ml) d'huile d'olive
1 c. à thé (5 ml) de poudre de cari
1 petit bouquet de persil italien, les grosses tiges enlevées
½ concombre sans pépins, haché (1½ tasse/375 ml)
1 tasse (250 ml) de tomates hachées ou 1 boîte (14 oz/398 ml) de tomates en dés, bien égouttées
1 oignon moyen, haché finement (¾ tasse/175 ml)
⅓ tasse (75 ml) de jus de citron frais pressé
½ c. à thé (3 ml) de sel
½ c. à thé (3 ml) de poivre noir
Laitue romaine

1. Mettre les fleurons de chou-fleur dans un robot culinaire. Mixer pendant environ 1 min ou jusqu'à ce qu'il se forme des petits grains.

2. Chauffer 1 c. à soupe d'huile dans une poêle antiadhésive de 12 po (30 cm) à feu moyen/fort. Ajouter le cari et cuire jusqu'à ce que les arômes s'exhalent. Ajouter le chou-fleur et le faire revenir environ 10 min ou jusqu'à ce qu'il soit tendre. Laisser refroidir.

3. Pendant ce temps, mettre le persil dans le robot culinaire. Mixer 15 min ou jusqu'à ce que le persil soit haché.

4. Dans un grand bol, mélanger le chou-fleur, le persil, le concombre, les tomates et l'oignon.

5. Pour l'assaisonnement, dans un petit bol, fouetter les 2 c. à soupe (30 ml) d'huile restantes, le jus de citron, le sel et le poivre. Verser l'assaisonnement sur le mélange de chou-fleur et bien remuer. Servir frais ou à la température ambiante sur des feuilles de salade.

Donne 6 portions.

COURGE JAUNE FARCIE AUX ARTICHAUTS

2 courges delicata, coupées en deux dans le sens de la longueur
1 c. à soupe (15 ml) d'huile d'olive
¾ tasse (175 ml) d'oignon haché finement
¾ c. à thé (4 ml) d'origan séché
1½ tasse (375 ml) de riz cuit
1 pot (12 oz/360 ml) de cœurs d'artichaut marinés, égouttés et hachés grossièrement
¾ tasse (175 ml) de petits haricots blancs (navy) en conserve, rincés et égouttés
⅓ tasse (75 ml) de mayonnaise
¼ tasse (60 ml) de persil frais, haché
¼ tasse (60 ml) de parmesan à l'ail et aux fines herbes*, râpé finement
½ c. à thé (3 ml) de sel
1 tasse (250 ml) de mozzarella râpée grossièrement

*Si on ne trouve pas de parmesan à l'ail et aux fines herbes, on peut utiliser du parmesan ordinaire et y ajouter ¼ c. à thé (1 ml) d'épices italiennes et ¼ c. à thé (1 ml) de poudre d'ail.

1. Préchauffer le four à 350 °F (180 °C). Ôter les pépins de chaque moitié de courge et les jeter. Retirer la chair, en laissant une écorce de ¼ po (6 mm) d'épaisseur. Hacher la chair grossièrement. Réserver les écorces.

2. Chauffer l'huile dans une grande poêle à feu moyen/fort. Ajouter la chair de courge, l'oignon et l'origan. Faire revenir 4 min ou jusqu'à ce que l'oignon soit translucide. Retirer du feu. Incorporer le riz, les cœurs d'artichaut, les haricots, la mayonnaise, le persil, le parmesan et le sel.

3. Répartir la préparation également dans les deux écorces de courge. Placer les courges sur une plaque de cuisson. Cuire au four de 20 à 30 min ou jusqu'à ce que la courge soit tendre. Parsemer de mozzarella. Cuire au four 3 min ou jusqu'à ce que le fromage fonde.

Donne 4 portions.

FAJITAS AU SEITAN

1 sachet (1 oz/28 g) d'assaisonnement à fajita
2 paquets (8 oz/225 g chacun) de seitan* tranché
1 c. à soupe (15 ml) d'huile végétale
1 poivron rouge, tranché
½ oignon moyen, tranché
1 paquet (8 oz/225 g) de champignons tranchés
6 tortillas (6 à 7 po/15 à 18 cm), réchauffées
  Salsa et crème sure (facultatif)

*Le seitan est un substitut de viande fabriqué à base de gluten de blé. Il est riche en protéines et a une texture caoutchouteuse qui rappelle la viande. Il se vend au rayon des produits réfrigérés dans les grands supermarchés et les épiceries spécialisées.

1. Préparer l'assaisonnement selon les indications sur l'emballage. Mettre le seitan dans un grand sac de conservation d'aliments refermable. Verser le mélange d'assaisonnement sur le seitan. Fermer le sac et le secouer pour enrober le seitan.

2. Chauffer l'huile dans une grande poêle. Ajouter le poivron et l'oignon. Faire revenir de 4 à 5 min ou jusqu'à ce que les légumes soient à la fois tendres et croquants. Ajouter les champignons et faire revenir de 1 à 2 min ou jusqu'à ce que les champignons aient ramolli. Ajouter le seitan et le mélange d'assaisonnement. Faire revenir de 1 à 2 min ou jusqu'à ce que le seitan soit bien chaud et que les légumes soient enrobés d'assaisonnement.

3. Répartir également le mélange de légumes sur les tortillas. Servir avec de la salsa et de la crème sure, si désiré.

Donne 6 fajitas.

Conseil

Selon la légende, le seitan aurait été découvert au 7e siècle par des moines bouddhistes, qui essayaient de trouver quelque chose pour remplacer la texture et la saveur de la viande dans leur alimentation végétarienne. Ils ont découvert qu'en plongeant dans l'eau de la pâte faite avec de la farine de blé, l'amidon disparaissait. Il ne restait alors que le gluten, la partie protéinique de la céréale, laquelle avait une texture presque semblable à celle de la viande. Le seitan est encore utilisé pour faire du « simili-canard » et de nombreux autres produits asiatiques de substitution de la viande.

QUICHE À LA ROQUETTE ET AUX CHAMPIGNONS

1 c. à soupe (15 ml) d'huile d'olive
½ tasse (125 ml) d'oignon haché
2 gousses d'ail, hachées
1½ tasse (375 ml) de champignons tranchés
1 paquet (5 oz/140 g) de jeunes feuilles de roquette mélangées
    à de jeunes feuilles d'épinards
1 tasse (250 ml) de fromage suisse râpé grossièrement
1 fond de tarte (9 po/23 cm) à bords hauts surgelé, dégelé
¼ tasse (60 ml) de parmesan râpé finement (à diviser)
4 œufs, bien battus
½ tasse (125 ml) de crème 10 % M.G.
¼ c. à thé (1 ml) de sel
    Pincée de poivre noir
    Pincée de muscade moulue

1. Préchauffer le four à 375 °F (190 °C).

2. Chauffer l'huile dans une grande poêle antiadhésive à feu moyen/fort. Ajouter l'oignon et l'ail. Faire revenir, en remuant souvent, de 3 à 4 min. Ajouter les champignons. Faire revenir, en remuant de temps en temps, jusqu'à ce que l'humidité se soit évaporée et que les champignons commencent à dorer, de 4 à 5 min. Ajouter le mélange de salades et cuire en remuant, jusqu'à ce que les salades aient flétri et presque séché, de 3 à 4 min. Retirer du feu et laisser refroidir un peu.

3. Mélanger les légumes refroidis et le fromage suisse. Saupoudrer le fond de tarte avec la moitié du parmesan. Étaler le mélange de légumes.

4. Battre les œufs, le mélange moitié lait moitié crème, le sel et les épices. Verser la préparation dans le fond de tarte. Saupoudrer du reste de parmesan. Cuire au four 30 min ou jusqu'à ce qu'un couteau inséré près du centre ressorte propre.

Donne de 4 à 6 portions.

Temps de préparation : 15 min • Temps de cuisson au four : 30 min

LÉGUMES GRILLÉS ET POLENTA CRÉMEUSE

1 tête d'ail, séparée en gousses
Enduit antiadhésif en vaporisateur
8 oz (225 g) de tomates italiennes, coupées en deux dans le sens de la longueur
et épépinées
1 poivron vert moyen, coupé en quartiers
1 poivron rouge ou orange moyen, coupé en quartiers
2 courgettes moyennes, coupées en rondelles de ¼ po (6 mm)
2 épis de maïs moyens
3 c. à soupe (45 ml) de pesto
3 tasses (750 ml) d'eau
½ c. à thé (3 ml) de sel
⅛ c. à thé (0,5 ml) de poivre noir
1 tasse (250 ml) de semoule de maïs
⅓ tasse (75 ml) de parmesan râpé grossièrement
2 c. à thé (10 ml) de beurre

1. Préparer le gril pour cuisson directe.

2. Mettre l'ail dans un morceau de papier aluminium de 10 po (25 cm) et le vaporiser d'enduit antiadhésif. Fermer le papier aluminium et cuire sur le gril à température moyenne/douce, en tournant souvent, pendant environ 20 min ou jusqu'à ce que l'ail soit tendre. Laisser l'ail refroidir, puis l'éplucher. Le mettre dans un grand bol.

3. Griller les tomates et les poivrons, la peau vers le bas, à température vive, jusqu'à ce qu'ils noircissent. Mettre les poivrons dans un grand bol, couvrir et laisser reposer pendant 5 min. Peler les tomates et les poivrons. Les couper en petits morceaux et les ajouter à l'ail dans le bol.

4. Vaporiser légèrement les courgettes d'enduit antiadhésif. Griller les courgettes et le maïs à couvert, à température moyenne, de 4 à 6 min ou jusqu'à ce qu'ils soient tendres et légèrement dorés, en les tournant une fois. Égrener les épis de maïs. Couper les courgettes en petits morceaux. Ajouter le maïs et les courgettes dans le bol. Ajouter le pesto et bien mélanger pour enrober les légumes. Maintenir les légumes au chaud.

5. Pendant ce temps, amener l'eau à ébullition dans une grande casserole sur feu fort. Ajouter le sel et le poivre. Incorporer graduellement la semoule de maïs. Cuire en remuant à feu moyen pendant 5 min ou jusqu'à ce que la préparation soit crémeuse et ait épaissi. Incorporer le fromage et le beurre. Ajouter de l'eau au besoin pour garder une consistance crémeuse.

6. Déposer les légumes sur la polenta et servir immédiatement.

Donne 4 portions.

RIZ À LA SAUCISSE VÉGÉ

2 tasses (500 ml) de poivron vert haché
1 boîte (14 oz/398 ml) de haricots rouges, rincés et égouttés
1 boîte (14 oz/398 ml) de tomates en dés avec poivrons et oignons
1 tasse (250 ml) d'oignon haché
1 tasse (250 ml) de céleri tranché
1 tasse (250 ml) d'eau (à diviser)
¾ tasse (175 ml) de riz blanc à grain long, non cuit
1¼ c. à thé (6 ml) de sel
1 c. à thé (5 ml) de sauce piquante
½ c. à thé (3 ml) de thym séché
½ c. à thé (3 ml) de flocons de piment rouge
3 feuilles de laurier
1 paquet (environ 8 oz/225 g) de burgers végé, dégelés
2 c. à soupe (30 ml) d'huile d'olive
½ tasse (125 ml) de persil frais, haché
Sauce piquante supplémentaire (facultatif)

Directives pour cuisson à la mijoteuse

1. Dans la mijoteuse, mélanger les poivrons, les haricots, les tomates, l'oignon, le céleri, ½ tasse (125 ml) d'eau, le riz, le sel, la sauce piquante, le thym, le piment et les feuilles de laurier. Couvrir et cuire à faible intensité de 4 à 5 h. Jeter les feuilles de laurier.

2. Couper les burgers en dés. Chauffer l'huile dans une grande poêle antiadhésive à feu moyen/fort. Ajouter les burgers et cuire 2 min ou jusqu'à ce qu'ils aient un peu bruni, en raclant de temps en temps le fond de la poêle.

3. Mettre les burgers dans la mijoteuse. Verser la ½ tasse (125 ml) d'eau restante dans la poêle. Amener à ébullition sur feu fort et laisser bouillir pendant 1 min, en raclant le fond de la poêle. Ajouter le liquide et le persil dans la mijoteuse. Remuer doucement pour mélanger tous les ingrédients. Servir immédiatement avec d'autre sauce piquante, si désiré.

Donne 6 portions.

GRATIN DE LÉGUMES ET DE TOFU

Enduit antiadhésif en vaporisateur
1 c. à soupe (15 ml) d'huile d'olive
¾ tasse (175 ml) de fenouil émincé finement
¾ tasse (175 ml) d'oignon émincé finement
2 gousses d'ail, hachées
¾ tasse (175 ml) de riz brun cuit
2 c. à soupe (30 ml) de vinaigre de vin rouge ou de vinaigre balsamique (à diviser)
2 c. à thé (10 ml) d'épices italiennes (à diviser)
3 oz (85 g) de tofu ferme, émietté
¼ tasse (60 ml) de feta émiettée
2 ou 3 tomates italiennes, en rondelles de ¼ po (6 mm) d'épaisseur
1 courgette moyenne, en rondelles de ¼ po (6 mm) d'épaisseur
⅛ c. à thé (0,5 ml) de sel
⅛ c. à thé (0,5 ml) de poivre noir
¼ tasse (60 ml) de chapelure fraîche
2 c. à soupe (30 ml) de parmesan râpé finement

1. Préchauffer le four à 400 °F (200 °C). Vaporiser d'enduit antiadhésif un plat de 1 l allant au four.

2. Chauffer l'huile dans une poêle moyenne à feu moyen. Ajouter le fenouil et l'oignon. Faire revenir les légumes pendant 10 min ou jusqu'à ce qu'ils soient tendres et légèrement dorés. Ajouter l'ail. Faire revenir pendant 1 min. Étaler le mélange dans le fond du plat préparé.

3. Dans un petit bol, mélanger le riz, 1 c. à soupe (15 ml) de vinaigre et ½ c. à thé (3 ml) d'épices italiennes. Étaler ce mélange sur le mélange d'oignon.

4. Dans le même petit bol, mettre le tofu, la feta, la cuillerée à soupe (15 ml) de vinaigre restante et 1 c. à thé (5 ml) d'épices italiennes. Bien mélanger. À la cuillère, répartir ce mélange sur le riz. Terminer en alternant des couches de rondelles de tomate et de courgette. Saupoudrer de sel et de poivre.

5. Dans un petit bol, mélanger la chapelure, le parmesan et la demi-cuillerée à thé (3 ml) d'épices italiennes restante. Parsemer ce mélange sur les légumes. Vaporiser légèrement le dessus du plat d'enduit antiadhésif. Cuire au four pendant 30 min ou jusqu'à ce que le plat soit bien chaud et légèrement gratiné.

Donne 2 portions.

TOURTE MÉDITERRANÉENNE

  5 tortillas de blé (8 po/20 cm)
  1 paquet (10 oz/285 g) d'épinards hachés surgelés, dégelés
  1 tasse (250 ml) de feta émiettée
  1 pot (12 oz/340 g) de piments rouges grillés, égouttés et hachés
  1 grosse tomate, hachée
1⅓ tasse (325 ml) d'oignons frits à la française en conserve (à diviser)
  3 c. à soupe (45 ml) d'olives Kalamata dénoyautées, hachées
  ½ tasse (125 ml) de mozzarella râpée grossièrement

1. Préchauffer le four à 350 °F (180 °C). Vaporiser un moule à charnière de 8 ou 9 po (20 ou 23 cm) d'enduit antiadhésif végétal. Déposer une tortilla dans le fond du moule. Étendre 3 c. à soupe (45 ml) d'épinards sur la tortilla. Garnir avec environ 2 c. à soupe (30 ml) de feta, de piments grillés, de tomates, d'oignons frits à la française et 2 c. à thé (10 ml) d'olives.

2. Faire trois autres couches identiques. Déposer la tortilla restante sur le dessus et vaporiser d'enduit antiadhésif. Cuire au four pendant 25 min ou jusqu'à ce que le plat soit bien chaud.

3. Parsemer de mozzarella et du reste d'oignons. Cuire au four pendant 5 min ou jusqu'à ce que les oignons soient dorés. Couper en pointes pour servir.

Donne 8 entrées ou 4 portions de plat principal.

Temps de préparation : 20 min • Temps de cuisson : 30 min

Conseil

Une fois ouverts, on doit conserver les pots d'olives au réfrigérateur dans leur saumure ou dans l'huile, dans un contenant fermé hermétiquement. Pour les conserver, il faut transférer les olives en conserve dans un pot en verre. Elles se conserveront plusieurs semaines. Quand elles commencent à ramollir, il faut les jeter. Les boîtes ou pots d'olives non ouverts peuvent se conserver jusqu'à deux ans.

POIVRONS FARCIS À LA COURGE JAUNE ET AU RIZ

½ tasse (125 ml) de riz brun à grain long non cuit
5 gros poivrons verts, rouges ou jaunes
2 c. à thé (10 ml) d'huile d'olive
2 courges jaunes moyennes, hachées
1 petit oignon, coupé en dés
2 gousses d'ail, hachées
1 grosse tomate, hachée
½ tasse (125 ml) de sauce tomate
½ tasse (125 ml) de parmesan râpé finement
3 c. à soupe (45 ml) de persil ou de basilic frais, haché
¼ c. à thé (1 ml) de sel
⅛ c. à thé (0,5 ml) de poivre noir

1. Cuire le riz selon les indications sur l'emballage.

2. Préchauffer le four à 400 °F (200 °C). Amener une grande casserole d'eau à ébullition. Couper le haut de 4 poivrons. Gratter l'intérieur pour en éliminer les graines et les membranes. Mettre ces poivrons dans l'eau bouillante et cuire 4 min, jusqu'à ce qu'ils ramollissent un peu. Les retirer de la casserole à l'aide d'une cuillère perforée et les réserver.

3. Hacher le poivron restant. Chauffer l'huile dans une grande poêle antiadhésive à feu moyen/fort. Ajouter le poivron haché, la courge et l'oignon. Faire revenir pendant 5 min ou jusqu'à ce que les légumes aient ramolli. Ajouter l'ail et faire revenir pendant 1 min. Ajouter le riz cuit, la tomate et la sauce tomate. Cuire jusqu'à ce que la préparation soit bien chaude. Incorporer le parmesan, le persil, le sel et le poivre.

4. Vaporiser un plat à four de 13 x 9 po (33 x 23 cm) d'enduit antiadhésif. Farcir chaque poivron avec environ ½ tasse (125 ml) de mélange de riz. Disposer les poivrons dans le plat préparé. Cuire au four de 25 à 30 min ou jusqu'à ce que le centre des poivrons soit bien chaud.

Donne 4 portions.

RAGOÛT DE LÉGUMES PRINTANIER

1 c. à soupe (15 ml) d'huile d'olive
2 poireaux, tranchés finement
3 gousses d'ail, écrasées
1 tasse (250 ml) de bouillon de légumes
1 paquet (10 oz/285 g) de maïs en grains surgelé
8 oz (225 g) de courge jaune, coupée en deux dans le sens de la longueur,
    puis en morceaux de ½ po (12 mm) (environ 1¼ tasse ou 310 ml)
1 sac (6 oz/170 g) de haricots de soja (edamame) écossés, surgelés
1 sac (4 oz/115 g) de carottes râpées
3 tasses (750 ml) de tomates cerises coupées en deux
1 c. à thé (5 ml) d'estragon séché
1 c. à thé (5 ml) de basilic séché
1 c. à thé (5 ml) d'origan séché
  Sel et poivre noir
  Persil frais, haché (facultatif)

1. Chauffer l'huile dans une grande poêle à feu moyen. Ajouter les poireaux et l'ail. Faire revenir jusqu'à ce que les arômes s'exhalent. Ajouter le bouillon, le maïs, la courge, les haricots de soja et les carottes. Cuire, en remuant de temps en temps, jusqu'à ce que la courge soit tendre.

2. Ajouter les tomates, l'estragon, le basilic et l'origan. Bien mélanger. Baisser le feu et laisser mijoter à couvert pendant 2 min ou jusqu'à ce que les tomates soient molles.

3. Saler et poivrer. Décorer de persil.

Donne 6 portions.

Aventures ethniques

RISOTTO À LA COURGE D'HIVER

2 c. à soupe (30 ml) d'huile d'olive
2 tasses (500 ml) de courge musquée ou delicata (1 petite courge musquée ou une delicata moyenne), pelée et coupée en morceaux de 1 po (2,5 cm)
1 grosse échalote française ou un petit oignon, haché finement
½ c. à thé (3 ml) de paprika
¼ c. à thé (1 ml) de sel
¼ c. à thé (1 ml) de thym séché
¼ c. à thé (1 ml) de poivre noir
1 tasse (250 ml) de riz arborio non cuit
¼ tasse (60 ml) de vin blanc sec (facultatif)
4 ou 5 tasses (1 à 1,25 l) de bouillon de légumes, réchauffé
½ tasse (125 ml) de parmesan ou de romano, râpé finement

1. Chauffer l'huile dans une grande poêle à feu moyen. Ajouter la courge et la faire revenir 3 min. Ajouter l'échalote et faire revenir de 3 à 4 min ou jusqu'à ce que la courge soit presque tendre. Incorporer le paprika, le sel, le thym et le poivre. Ajouter le riz et bien remuer pour l'enrober d'huile.

2. Ajouter le vin, si désiré. Cuire en remuant jusqu'à ce que le vin s'évapore. Ajouter ½ tasse (125 ml) de bouillon et cuire en remuant de temps en temps. Quand le riz est presque sec, incorporer une autre ½ tasse (125 ml) de bouillon. Continuer à remuer le riz de temps en temps, en ajoutant ½ tasse (125 ml) de bouillon dès que la quantité précédente a été absorbée. Le riz est cuit quand il a une consistance crémeuse et que les grains sont tendres mais légèrement résistants. (Le temps de cuisson total sera de 20 à 30 min.)

3. Incorporer le parmesan et davantage de sel, si désiré. Servir immédiatement.
Donne de 4 à 6 portions.

FLAUTAS AUX HARICOTS NOIRS,
SALSA DE TOMATILLES GRILLÉES

Salsa

- 1 lb (450 g) de tomatilles, non pelées
- 1 petit oignon jaune, non pelé
- 6 gousses d'ail, non pelées
- 1 piment jalapeño
- Le jus de ½ lime
- Sel et poivre noir

Flautas

- 1 boîte (14 oz/398 ml) de haricots noirs, non égouttés
- 1 tasse (250 ml) de bouillon de légumes
- 1 c. à thé (5 ml) de sel (à diviser)
- ½ c. à thé (3 ml) de cumin moulu
- ½ c. à thé (3 ml) d'assaisonnement au chili
- 3 gousses d'ail, hachées
- ¼ tasse (60 ml) de coriandre fraîche, hachée
- Jus de 1 lime
- 10 tortillas de blé
- 2½ tasses (625 ml) de fromage colby, râpé grossièrement
- 1 tasse (250 ml) de tomates, épépinées et hachées (environ 2 tomates)
- 1 tasse (250 ml) d'oignons verts, tranchés finement

1. Pour la salsa, griller les tomatilles, l'oignon, l'ail et le jalapeño dans une grande poêle à fond épais, à feu moyen/fort, environ 20 min ou jusqu'à ce que les légumes soient ramollis et les peaux, noircies. Laisser refroidir 5 min. Peler les tomatilles, l'oignon et l'ail. Retirer la queue et les graines du jalapeño. Mettre les légumes dans un mélangeur ou un robot culinaire avec le jus de lime. Mixer jusqu'à obtenir un mélange homogène. Saler et poivre au goût. Réserver.

2. Pour les flautas, mettre les haricots et leur jus, le bouillon, ½ cuillerée à thé (3 ml) de sel, le cumin, l'assaisonnement au chili et l'ail dans une casserole moyenne. Amener à ébullition sur feu moyen/fort. Baisser le feu et laisser mijoter 10 min. Égoutter en réservant le liquide. Dans un mélangeur ou un robot culinaire, réduire en purée le mélange de haricots égouttés avec la coriandre, le jus de lime et la demi-cuillerée à thé (3 ml) de sel restante, jusqu'à consistance homogène. (Ajouter le liquide réservé, 1 c. à thé à la fois, si les haricots sont trop secs.)

suite page 122

Flautas aux haricots noirs, salsa de tomatilles grillées (suite)

3. Préchauffer le four à 450 °F (230 °C). Étendre 1 à 2 c. à soupe (15 ml à 30 ml) de purée de haricots sur chaque tortilla. Parsemer ¼ tasse (60 ml) de colby, 2 c. à soupe (30 ml) de tomates et 1½ c. à soupe (22 ml) d'oignons verts. Enrouler la tortilla en serrant bien et la déposer, le joint vers le bas, dans un plat à four de 13 x 9 po (33 x 23 cm). Cuire au four de 10 à 15 min ou jusqu'à ce que les flautas soient croustillantes et que le fromage soit fondu. Servir avec la salsa.

Donne 5 portions et 2 tasses (500 ml) de salsa.

RIZ AUX LÉGUMES ET TOFU LAQUÉ

1 paquet (1 lb/450 g) de tofu extra ferme
1 tasse (250 ml) de sauce à sauté (stir-fry) (à diviser)
1 tasse (250 ml) de riz à grain long non cuit
4 carottes moyennes, hachées (environ 1 tasse/250 ml)
1 tasse (250 ml) de pois mange-tout, coupés en deux

1. Couper le tofu en deux horizontalement. Couper chaque moitié en 2 triangles. Mettre les triangles de tofu sur une planche à découper entre deux couches de papier absorbant. Poser une autre planche à découper et un poids sur le tofu pour en extraire l'humidité. Laisser reposer 15 min.

2. Verser ½ tasse (125 ml) de sauce à sauté dans le fond d'un plat allant au four. Mettre le tofu dans la sauce et le laisser mariner à la température ambiante pendant 30 min, en le tournant au bout de 15 min.

3. Pendant ce temps, cuire le riz selon les indications sur l'emballage. Maintenir le riz au chaud.

4. Vaporiser un gril d'intérieur d'enduit antiadhésif et chauffer à intensité moyen/fort. Griller le tofu de 6 à 8 min ou jusqu'à ce qu'il soit légèrement doré, en le tournant au bout de 4 min.

5. Pendant ce temps, verser la demi-tasse (125 ml) de sauce à sauté restante dans une grande poêle antiadhésive. Chauffer à feu moyen/fort. Ajouter les carottes et les pois mange-tout. Cuire en remuant de 4 à 6 min ou jusqu'à ce que les légumes soient à la fois tendres et croquants. Ajouter le riz et bien mélanger le tout.

6. Répartir le mélange de riz dans 4 assiettes et poser le triangle de tofu par-dessus.

Donne 4 portions.

AUBERGINE PARMIGIANA

2 œufs battus

¼ tasse (60 ml) de lait

1 pincée de poudre d'ail

1 pincée de poudre d'oignon

1 pincée de sel

1 pincée de poivre noir

½ tasse (125 ml) de chapelure sèche assaisonnée

1 grosse aubergine (environ 1½ lb/680 g), coupée en rondelles de ½ po (12 mm) d'épaisseur

Huile végétale

1 pot (24 oz/700 ml) de sauce pour pâtes

4 tasses (1 l) de mozzarella râpée grossièrement

2½ tasses (625 ml) de fromage suisse râpé grossièrement

¼ tasse (60 ml) de parmesan râpé finement

¼ tasse (60 ml) de romano râpé finement

1. Préchauffer le four à 350 °F (180 °C). Dans un plat peu profond, mélanger les œufs, le lait, la poudre d'ail, la poudre d'oignon, le sel et le poivre. Mettre la chapelure dans un autre plat peu profond. Tremper l'aubergine dans le mélange d'œufs, puis l'enrober de chapelure.

2. Chauffer une épaisseur de ¼ po (6 mm) d'huile dans une grande poêle à feu moyen/fort. Faire dorer les tranches d'aubergines sur toutes leurs faces en plusieurs fournées. Les égoutter sur du papier absorbant.

3. Étaler 3 c. à soupe (45 ml) de sauce pour pâtes dans le fond d'un plat à four de 13 x 9 po (33 x 23 cm). Disposer en couches la moitié des aubergines, la moitié de la mozzarella, la moitié du fromage suisse et la moitié de la sauce restante. Répéter ces couches. Saupoudrer de parmesan et de romano.

4. Cuire au four pendant 30 min ou jusqu'à ce que le plat soit bien chaud et que les fromages soient fondus.

Donne 4 portions.

FAJITAS AUX POIVRONS ET HARICOTS NOIRS

1 boîte (14 oz/398 ml) de haricots noirs, rincés et égouttés
¼ tasse (60 ml) d'eau
3 c. à soupe (45 ml) d'huile d'olive (à diviser)
2 c. à soupe (30 ml) de jus de lime
1 piment chipotle en sauce, en conserve
1 gousse d'ail, hachée
¼ c. à thé (1 ml) de sel
1 poivron rouge moyen, coupé en lanières
1 poivron vert moyen, coupé en lanières
1 poivron jaune moyen, coupé en lanières
2 oignons moyens, coupés en quartiers de ¼ po (6 mm)
8 tortillas de blé
¼ tasse (60 ml) de coriandre fraîche, hachée
½ tasse (125 ml) de crème sure
1 lime moyenne, coupée en 8 quartiers

1. Dans un mélangeur ou un robot culinaire, mettre les haricots, l'eau, 2 c. à soupe (30 ml) d'huile, le jus de lime, le piment chipotle, l'ail et le sel. Réduire en une purée homogène. Mettre la purée dans un bol allant au micro-ondes. Couvrir d'une pellicule plastique et réserver.

2. Chauffer la cuillerée à soupe (15 ml) d'huile restante dans une grande poêle à feu moyen/fort. Ajouter les poivrons et les oignons. Faire revenir pendant 12 min ou jusqu'à ce que les légumes commencent à brunir.

3. Chauffer la purée de haricots au micro-ondes à puissance élevée de 2 à 3 min ou jusqu'à ce qu'elle soit bien chaude. Réchauffer les tortillas selon les indications sur l'emballage.

4. Pour servir, répartir la purée de haricots sur les tortillas et garnir du mélange de poivrons. Parsemer de coriandre et servir avec de la crème sure et des quartiers de lime.

Donne 4 portions.

LASAGNE AU PESTO

1 paquet (1 lb/450 g) de feuilles de lasagne non cuites
3 c. à soupe (45 ml) d'huile d'olive
1½ tasse (375 ml) d'oignons hachés
3 gousses d'ail, hachées finement
3 paquets (10 oz/285 g chacun) d'épinards hachés surgelés, dégelés et essorés
Sel et poivre noir
3 tasses (750 ml) de ricotta
1½ tasse (375 ml) de pesto
¾ tasse (175 ml) de parmesan râpé finement
½ tasse (125 ml) de pignons grillés*
4 tasses (1 l) de mozzarella, râpée grossièrement
Lanières de piment rouge grillé (facultatif)

*Pour griller des pignons, les étaler en une seule couche dans une poêle à fond épais. Cuire en remuant à feu moyen de 1 à 2 min ou jusqu'à ce que les pignons soient légèrement dorés. Les retirer immédiatement de la poêle.

1. Préchauffer le four à 350 °F (180 °C). Vaporiser un plat à lasagne de 13 x 9 po (33 x 23 cm) d'enduit antiadhésif. Cuire partiellement les feuilles de lasagne selon les indications sur l'emballage.

2. Chauffer l'huile dans une grande poêle à feu moyen/fort. Faire revenir les oignons et l'ail jusqu'à ce qu'ils soient translucides. Ajouter les épinards et les faire revenir pendant environ 5 min. Saler et poivrer. Transférer dans un grand bol.

3. Ajouter la ricotta, le pesto, le parmesan et les pignons au mélange d'épinards. Bien mélanger.

4. Disposer 5 feuilles de lasagne, en les faisant se chevaucher un peu, dans le plat préparé. Recouvrir d'un tiers du mélange de ricotta et d'un tiers de la mozzarella. Répéter ces couches deux fois.

5. Cuire au four pendant 35 min ou jusqu'à ce que le plat soit chaud et bouillonnant. Décorer de lanières de piment rouge.

Donne 8 portions.

LÉGUMES MU SHU

Sauce à l'arachide (page 132)
3 c. à soupe (45 ml) de sauce soja
1½ c. à soupe (23 ml) de gingembre frais, râpé
2 c. à soupe (30 ml) de xérès sec
2 c. à thé (10 ml) de fécule de maïs
3 gousses d'ail, hachées
1½ c. à thé (8 ml) d'huile de sésame
1 c. à soupe (15 ml) d'huile d'arachide
3 poireaux, coupés en morceaux de 2 po (5 cm)
3 carottes, coupées en julienne
1 tasse (250 ml) de champignons shiitakes frais, tranchés finement
1 petit chou nappa ou frisé, coupé en lanières (environ 4 tasses/1 l)
2 tasses (500 ml) de germes de haricots mungo, rincés et égouttés
1 paquet (8 oz /225 g) de tofu ferme, égoutté et coupé en bandes de 2½ x ¼ po (63 x 6 mm)
12 tortillas de blé (8 po/20 cm), réchauffées*
¾ tasse (175 ml) d'arachides rôties au miel, hachées finement

*On peut réchauffer les tortillas au micro-ondes avant l'utilisation. Empiler les tortillas et les emballer dans de la pellicule plastique. Les mettre au micro-ondes à puissance élevée de 30 s à 1 min, en les retournant et en les tournant d'un quart de tour une fois durant le réchauffage.

1. Préparer la sauce à l'arachide et réserver. Dans un petit bol, mélanger la sauce soja, le gingembre, le xérès, la fécule de maïs, l'ail et l'huile de sésame, et mélanger jusqu'à homogénéité. Réserver.

2. Chauffer l'huile d'arachide dans un wok à feu moyen/fort. Ajouter les poireaux, les carottes et les champignons. Faire sauter pendant 2 min. Ajouter le chou et faire sauter pendant 3 min ou jusqu'à tendreté. Ajouter les germes de haricots et le tofu. Faire sauter pendant 1 min ou jusqu'à ce que la préparation soit chaude. Remuer le mélange de sauce soja et l'ajouter au wok. Cuire en remuant pendant 1 min ou jusqu'à ce que la sauce ait épaissi.

3. Étaler environ 1 c. à thé (5 ml) de sauce à l'arachide sur chaque tortilla. Déposer ½ tasse (125 ml) de mélange de légumes sur la moitié inférieure de chaque tortilla. Saupoudrer 1 c. à soupe (15 ml) d'arachides.

4. Replier le bord inférieur de la tortilla par-dessus la garniture. Replier les côtés. Rouler la tortilla pour envelopper la garniture. Servir avec le reste de sauce à l'arachide.

Donne 6 portions.

SAUCE À L'ARACHIDE

3 c. à soupe (45 ml) de sucre
3 c. à soupe (45 ml) d'eau
3 c. à soupe (45 ml) de xérès sec
3 c. à soupe (45 ml) de sauce soja
2 c. à thé (10 ml) de vinaigre de vin blanc
⅓ tasse (75 ml) de beurre d'arachide crémeux

1. Mettre tous les ingrédients, sauf le beurre d'arachide, dans une petite casserole. Amener à ébullition sur feu moyen/fort, en remuant constamment. Laisser bouillir 1 min ou jusqu'à ce que le sucre fonde. Incorporer le beurre d'arachide et remuer jusqu'à consistance homogène. Laisser refroidir à la température ambiante.

Donne ⅔ tasse (150 ml).

LASAGNE À LA MEXICAINE

1 boîte (14 oz/398 ml) de tomates étuvées au piment rouge piquant,
    non égouttées
½ tasse (125 ml) de coriandre fraîche hachée (à diviser)
2 c. à soupe (30 ml) de jus de lime frais pressé
6 tortillas de maïs (6 po/15 cm), déchirées en morceaux de 1½ po (4 cm)
1 boîte (14 oz/398 ml) de haricots noirs, rincés et égouttés
1 boîte (8 oz/240 ml) de maïs en grains, égoutté, ou 1 tasse (250 ml) de maïs
    en grains surgelé, dégelé
2 tasses (500 ml) de mélange de fromages râpés tex-mex

1. Mélanger les tomates, ¼ tasse (60 ml) de coriandre et le jus de lime dans un petit bol. Réserver. Préchauffer le four à 375 °F (190 °C).

2. Vaporiser d'enduit antiadhésif un plat allant au four de 8 x 8 po (20 x 20 cm). Disposer un quart des tortillas dans le fond du plat. Répartir un quart du mélange de tomates sur les tortillas. Recouvrir avec un quart des haricots, un quart du maïs et un quart du fromage. Répéter ces couches trois autres fois avec le reste de tortillas, de mélange de tomates, de maïs et de fromage.

3. Cuire au four pendant 25 min ou jusqu'à ce que le fromage soit fondu et que la sauce bouillonne. Parsemer le quart de tasse (60 ml) de coriandre restante. Laisser reposer 10 min avant de servir.

Donne 4 portions.

Temps de préparation : 15 min • Temps de cuisson : 25 min

CHAUSSONS AU POIVRON ET À LA RICOTTA

2 c. à thé (10 ml) d'huile d'olive
1 poivron rouge moyen, coupé en dés
1 poivron vert moyen, coupé en dés
1 petit oignon, coupé en dés
½ c. à thé (3 ml) d'épices italiennes
⅛ c. à thé (0,5 ml) de poivre noir
1 gousse d'ail, hachée
1¼ tasse (310 ml) de sauce marinara (à diviser)
¼ tasse (60 ml) de ricotta
¼ tasse (60 ml) de mozzarella râpée grossièrement
1 paquet (14 oz/400 g) de pâte à pizza fraîche

1. Préchauffer le four à 375 °F (190 °C). Vaporiser une grande plaque de cuisson d'enduit antiadhésif.

2. Chauffer l'huile dans une poêle moyenne à feu moyen. Ajouter les poivrons, l'oignon, les épices italiennes et le poivre noir. Faire revenir 8 min ou jusqu'à ce que les légumes soient tendres. Ajouter l'ail et faire revenir 1 min. Incorporer ½ tasse (125 ml) de sauce marinara et cuire environ 2 min ou jusqu'à léger épaississement. Laisser refroidir.

3. Dans un petit bol, mélanger la ricotta et la mozzarella. Abaisser la pâte et la couper en 6 carrés (4 x 4 po/10 x 10 cm). Aplatir chaque carré pour qu'il mesure 5 x 5 po (12,5 x 12,5 cm). Déposer ⅓ tasse (75 ml) de mélange de légumes au centre de chaque carré. Garnir de mélange de fromage. Replier la pâte par-dessus la farce pour former un triangle. Plier et pincer les bords ensemble pour sceller le chausson. Transférer les chaussons sur la plaque de cuisson préparée.

4. Cuire au four de 15 à 18 min ou jusqu'à ce que les chaussons soient légèrement dorés. Laisser refroidir 5 min. Servir avec le reste de sauce marinara.

Donne 6 portions.

SAUTÉ THAÏ AU SEITAN

1 paquet (8 oz/225 g) de seitan*, égoutté et tranché finement
1 piment jalapeño, coupé en deux et épépiné
3 gousses d'ail
1 morceau de gingembre frais, pelé (environ 1 po/2,5 cm)
⅓ tasse (75 ml) de sauce soja
¼ tasse (60 ml) de cassonade tassée
¼ tasse (60 ml) de jus de lime
½ c. à thé (3 ml) de flocons de piment rouge
¼ c. à thé (1 ml) de sel
3 c. à soupe (45 ml) d'huile végétale
1 oignon moyen, haché
2 poivrons rouges, tranchés finement
2 tasses (500 ml) de fleurons de brocoli
3 oignons verts, tranchés en biais
4 tasses (1 l) de jeunes épinards légèrement tassés
¼ tasse (60 ml) de feuilles de basilic frais, en lanières
3 tasses (750 ml) de riz cuit, chaud
¼ tasse (60 ml) d'arachides salées, hachées

* Le seitan est un substitut de la viande, tiré du gluten de blé. Il est riche en protéines et a une texture caoutchouteuse, semblable à la viande. On le trouve au rayon des produits réfrigérés des grands supermarchés et des épiceries spécialisées.

1. Mettre les tranches de seitan dans un bol moyen. Mélanger le jalapeño, l'ail et le gingembre dans un robot culinaire et hacher finement. Ajouter la sauce soja, la cassonade, le jus de lime, les flocons de piment rouge et le sel, et bien mélanger. Verser la préparation sur le seitan et mélanger pour bien l'enrober. Faire mariner pendant au moins 20 min à la température ambiante.

2. Chauffer l'huile à feu fort dans un wok ou une grande poêle. Ajouter l'oignon, les poivrons et le brocoli. Faire sauter les légumes de 3 à 5 min. Ajouter le seitan, la marinade et les oignons verts. Amener à ébullition, puis faire sauter pendant 3 min ou jusqu'à ce que les légumes soient à la fois tendres et croquants, et que le seitan soit chaud. Ajouter les épinards en deux fois, en remuant jusqu'à ce qu'ils commencent à flétrir après chaque ajout.

3. Incorporer le basilic juste avant de servir. Servir sur du riz et parsemer d'arachides.
Donne de 4 à 6 portions.

Céréales et légumineuses

PILAF DE BOULGOUR AUX TOMATES ET COURGETTES

1 tasse (250 ml) de boulgour non cuit
1 c. à soupe (15 ml) d'huile d'olive
¾ tasse (175 ml) d'oignon haché
2 gousses d'ail, hachées
2 petites courgettes, coupées en rondelles fines
1 boîte (14 oz/398 ml) de tomates entières, égouttées et hachées grossièrement
1 tasse (250 ml) de bouillon de légumes
1 c. à thé (5 ml) de basilic séché
⅛ c. à thé (0,5 ml) de poivre noir

1. Rincer le boulgour sous l'eau froide. Bien l'égoutter et réserver.

2. Chauffer l'huile à feu moyen dans une grande casserole. Ajouter l'oignon et l'ail. Faire revenir 3 min ou jusqu'à ce que l'oignon soit tendre. Incorporer les courgettes et les tomates, et baisser le feu à moyen/doux. Cuire à couvert pendant 15 min ou jusqu'à ce que les courgettes soient presque tendres, en remuant de temps en temps.

3. Incorporer le boulgour, le bouillon, le basilic et le poivre dans le mélange de légumes. Amener à ébullition sur feu fort. Couvrir et retirer du feu. Laisser reposer 10 min ou jusqu'à ce que le liquide soit absorbé. Mélanger doucement avant de servir.

Donne 8 portions.

COURGE POIVRÉE FARCIE À L'ORGE ET À LA POIRE

3 petites courges poivrées ou carnaval
2 tasses (500 ml) de bouillon de légumes
¾ c. à thé (4 ml) de sel (à diviser)
1 tasse (250 ml) d'orge à cuisson rapide, non cuite
2 c. à soupe (30 ml) de beurre
1 petit oignon, haché
1 branche de céleri, hachée
¼ c. à thé (1 ml) de poivre noir
1 grosse poire mûre, non pelée, évidée et coupée en dés
½ tasse (125 ml) de noisettes hachées, grillées*
¼ tasse (60 ml) de sirop d'érable
½ c. à thé (3 ml) de cannelle moulue

*Pour griller les noisettes, les étaler sur une plaque de cuisson en une seule couche. Les cuire dans un four préchauffé à 350 °F (180 °C) de 7 à 10 min ou jusqu'à ce qu'elles prennent une coloration dorée, en les secouant de temps en temps.

1. Percer chaque courge à plusieurs endroits avec la pointe d'un couteau. Les mettre au micro-ondes à puissance élevée de 12 à 14 min ou jusqu'à ce qu'elles soient tendres, en les tournant une fois. Les laisser reposer 5 min. Couper les courges en deux dans le sens de la longueur et en retirer les graines. Disposer les moitiés de courge, le côté coupé vers le haut, dans un grand plat allant au four.

2. Entre-temps, amener le bouillon et ½ cuillerée à thé (3 ml) de sel à ébullition, dans une grande casserole sur feu fort. Incorporer l'orge et baisser le feu à doux. Couvrir et laisser mijoter pendant 12 min ou jusqu'à ce que l'orge soit tendre. Ne pas égoutter.

3. Préchauffer le four à 350 °F (180 °C).

4. Faire fondre le beurre dans une grande poêle à feu moyen. Ajouter l'oignon, le céleri, le quart de cuillerée à thé (1 ml) de sel restant et le poivre. Faire revenir 5 min. Ajouter la poire et cuire 5 min. Incorporer l'orge, les noisettes, le sirop et la cannelle. Déposer le mélange d'orge dans les moitiés de courge.

5. Couvrir de papier aluminium. Cuire au four de 15 à 20 min ou jusqu'à ce que le plat soit bien chaud.

Donne 6 portions.

Courge poivrée farcie à l'orge et à la pomme : Remplacer la poire par 1 pomme et les noisettes par des noix de Grenoble.

Note : Vous pouvez farcir la courge à l'avance. Préparez-la en suivant les étapes 1 à 4. Laisser refroidir, couvrir et réfrigérer. Pour servir, cuire au four à 350 °F (180 °C) de 25 à 30 min ou jusqu'à ce que le plat soit bien chaud.

AUBERGINE ITALIENNE FARCIE AU MILLET ET AU POIVRON

¼ tasse (60 ml) de millet non cuit
2 petites aubergines (environ ¾ lb/340 g en tout)
¼ tasse (60 ml) de poivron rouge haché (à diviser)
¼ tasse (60 ml) de poivron vert haché (à diviser)
1 c. à thé (5 ml) d'huile d'olive
1 gousse d'ail, hachée
1½ tasse (375 m) de bouillon de légumes
½ c. à thé (3 ml) de cumin moulu
½ c. à thé (3 ml) d'origan séché
⅛ c. à thé (0,5 ml) de flocons de piment rouge

1. Griller le millet dans une grande poêle à fond épais, à feu moyen, pendant 5 min ou jusqu'à ce qu'il prenne une coloration dorée. Le transférer dans un petit bol et réserver.

2. Couper les aubergines en deux dans le sens de la longueur. Retirer la chair, en laissant une coquille d'environ ¼ po (6 mm) d'épaisseur. Réserver les coquilles et hacher la chair des aubergines. Dans un petit bol, mélanger 1 c. à thé (5 ml) de poivron rouge et 1 c. à thé (5 ml) de poivron vert. Réserver.

3. Chauffer l'huile dans la même poêle à feu moyen. Ajouter l'aubergine hachée, le reste des poivrons rouge et vert, et l'ail. Faire revenir environ 8 min ou jusqu'à ce que l'aubergine soit tendre.

4. Incorporer le millet grillé, le bouillon, le cumin, l'origan et les flocons de piment rouge. Amener à ébullition sur feu fort. Baisser le feu à moyen/doux. Cuire à couvert pendant 35 min ou jusqu'à ce que le liquide soit absorbé et le millet, tendre. Laisser reposer à couvert pendant 10 min.

5. Préchauffer le four à 350 °F (180 °C). Verser 1 tasse (250 ml) d'eau dans un plat à four carré de 8 po (20 cm). Farcir les coquilles d'aubergine avec le mélange de millet et d'aubergine. Parsemer des poivrons réservés, en les pressant délicatement. Disposer délicatement les coquilles farcies dans le plat préparé. Cuire au four pendant 15 min ou jusqu'à ce que le tout soit bien chaud.

Donne 4 portions.

QUINOA ET MAÏS GRILLÉ

1 tasse (250 ml) de quinoa non cuit

2 tasses (500 ml) d'eau

½ c. à thé (3 ml) de sel

4 épis de maïs ou 2 tasses (500 ml) de maïs en grains surgelé

¼ tasse (60 ml), plus 1 c. à soupe (15 ml), d'huile végétale, divisées

1 tasse (250 ml) d'oignons verts hachés (à diviser)

1 c. à thé (5 ml) de gros sel

1 tasse (250 ml) de tomates sur vigne, coupées en quartiers, ou de tomates italiennes hachées, dégorgées*

1 tasse (250 ml) de haricots noirs en conserve, rincés et égouttés

¼ c. à thé (1 ml) de zeste de lime râpé

Jus de 1 lime (environ 2 c. à soupe/30 ml)

¼ c. à thé (1 ml) de sucre

¼ c. à thé (1 ml) de cumin moulu

¼ c. à thé (1 ml) de poivre noir

*Mettre les tomates dans une passoire fine posée sur un bol et laisser égoutter de 10 à 15 min.

1. Mettre le quinoa dans une passoire fine et bien le rincer sous l'eau froide. Le transférer dans une casserole moyenne et ajouter l'eau et ½ c. à thé (3 ml) de sel. Amener à ébullition sur feu fort. Baisser le feu, couvrir et laisser mijoter de 15 à 18 min ou jusqu'à ce que l'eau soit absorbée et le quinoa, tendre. Transférer le quinoa dans un grand bol.

2. Pendant ce temps, retirer les feuilles et la barbe des épis de maïs et les égrener. Chauffer ¼ tasse (60 ml) d'huile dans une grande poêle à feu moyen/fort. Ajouter le maïs et le cuire de 10 à 12 min ou jusqu'à ce qu'il soit tendre et légèrement doré, en remuant de temps en temps. Incorporer ⅔ tasse (150 ml) d'oignons verts et le gros sel. Faire revenir 2 min. Ajouter le maïs dans le quinoa. Incorporer délicatement les tomates et les haricots.

3. Dans un petit bol, mélanger le zeste de lime, le jus de lime, le sucre, le cumin et le poivre. Ajouter la cuillerée à soupe (15 ml) d'huile restante et fouetter jusqu'à mélange complet. Verser l'assaisonnement sur le mélange de quinoa et mélanger délicatement pour l'enrober. Saupoudrer le tiers de cuillerée à soupe d'oignons verts restant. Servir chaud ou frais.

Donne 6 à 8 portions.

PENNE ET HARICOTS BLANCS
AUX LÉGUMES MÉDITERRANÉENS

8 oz (225 g) de penne multigrains, non cuits
1 boîte (14 oz/398 ml) de petits haricots blancs (navy), rincés et égouttés
  Enduit antiadhésif en vaporisateur
1 poivron vert moyen, haché
1 petite courgette, coupée en rondelles
2 gousses d'ail, hachées
1 boîte (14 oz/398 ml) de tomates étuvées
2 c. à thé (10 ml) de basilic séché
2 c. à thé (10 ml) d'huile d'olive extra vierge
½ tasse (125 ml) de mozzarella râpée grossièrement
2 c. à soupe (30 ml) de parmesan râpé finement

1. Cuire les pâtes selon les indications sur l'emballage, en ajoutant les haricots durant la dernière minute de cuisson.

2. Pendant ce temps, chauffer une grande poêle antiadhésive à feu moyen/fort. Vaporiser la poêle d'enduit antiadhésif. Ajouter le poivron et la courgette. Cuire 5 min ou jusqu'à ce que les légumes commencent à dorer sur les bords, en remuant fréquemment. Ajouter l'ail et faire revenir 1 min. Ajouter les tomates et le basilic. Amener à ébullition. Baisser le feu à moyen/doux. Couvrir et laisser mijoter 10 min. Retirer du feu et incorporer l'huile.

3. Égoutter le mélange de pâtes et le transférer sur un plat de service. À la cuillère, déposer le mélange de tomates sur les pâtes. Parsemer de mozzarella et de parmesan.

Donne 4 portions.

QUINOA AUX LÉGUMES GRILLÉS

Enduit antiadhésif en vaporisateur
2 patates douces moyennes, coupées en rondelles de ½ po (12 mm)
1 aubergine moyenne, pelée et coupée en cubes de ½ po (12 mm)
1 tomate moyenne, coupée en quartiers
1 gros poivron vert, tranché
1 petit oignon coupé en quartiers
½ c. à thé (3 ml) de sel
¼ c. à thé (1 ml) de poivre noir
¼ c. à thé (1 ml) de piment de Cayenne
1 tasse (250 ml) de quinoa non cuit
2 gousses d'ail, hachées
½ c. à thé (3 ml) de thym séché
¼ c. à thé (1 ml) de marjolaine séchée
2 tasses (500 ml) d'eau ou de bouillon de légumes

1. Préchauffer le four à 450 °F (230 °C). Tapisser une grande plaque de cuisson avec du papier aluminium et la vaporiser d'enduit antiadhésif.

2. Disposer les patates douces, l'aubergine, la tomate, le poivron et l'oignon sur la plaque préparée et les vaporiser légèrement d'enduit antiadhésif. Saupoudrer de sel, de poivre noir et de piment de Cayenne, et remuer les légumes pour les enrober. Cuire au four de 20 à 30 min ou jusqu'à ce que les légumes soient bien dorés et tendres.

3. Pendant ce temps, mettre le quinoa dans une passoire et bien le rincer. Vaporiser d'enduit antiadhésif une casserole moyenne et la chauffer à feu moyen. Ajouter l'ail, le thym et la marjolaine. Faire revenir de 1 à 2 min. Ajouter le quinoa et faire revenir 2 ou 3 min. Ajouter l'eau, remuer et amener à ébullition sur feu fort. Baisser le feu à doux et cuire à découvert de 15 à 20 min ou jusqu'à ce que l'eau soit absorbée. (Le quinoa deviendra un peu translucide.) Transférer le quinoa dans un grand bol et y incorporer délicatement les légumes.

Donne 6 portions.

RIZ AU CURRY DE LENTILLES

2 c. à soupe (30 ml) d'huile d'olive
1 tasse (250 ml) d'oignons verts tranchés
3 gousses d'ail, hachées
2 c. à soupe (30 ml) de gingembre frais, haché
2 c. à thé (10 ml) de poudre de cari
½ c. à thé (3 ml) de cumin moulu
½ c. à thé (3 ml) de curcuma
3 tasses (750 ml) d'eau
1 boîte (14 oz/398 ml) de tomates étuvées, non égouttées
½ c. à thé (3 ml) de sel
1 tasse (250 ml) de lentilles rouges, rincées et triées
1 gros chou-fleur, coupé en fleurons
1 c. à soupe (15 ml) de jus de citron
1½ tasse (375 ml) de riz basmati non cuit

1. Chauffer l'huile dans une grande casserole à feu moyen. Ajouter les oignons verts, l'ail, le gingembre, le cari, le cumin et le curcuma. Faire revenir 5 min. Ajouter l'eau, les tomates et le sel. Amener à ébullition sur feu fort.

2. Ajouter les lentilles dans la casserole. Baisser le feu à doux. Couvrir et laisser mijoter de 35 à 40 min ou jusqu'à ce que les lentilles soient tendres. Ajouter le chou-fleur et le jus de citron. Couvrir et laisser mijoter de 8 à 10 min ou jusqu'à ce que le chou-fleur soit tendre.

3. Pendant ce temps, préparer le riz selon les indications sur l'emballage.

4. Servir le mélange de lentilles sur le riz.

Donne 6 portions.

Conseil

Le riz basmati est une variété de riz blanc à grain long, souvent utilisé dans les recettes indiennes. Il est apprécié pour son parfum délicat et sa texture fine. Pour ajouter au riz basmati davantage de saveur et de parfum, on peut mettre un bâtonnet de cannelle, plusieurs gousses de cardamome ou une pincée de safran dans son eau de cuisson.

Céréales et légumineuses

RAGOÛT D'ORGE AUX LÉGUMES

⅔ tasse (150 ml) d'orge non cuite (pas à cuisson rapide)
2¼ tasses (560 ml) de bouillon de légumes (à diviser)
4 tasses (1 l) de légumes mélangés surgelés (brocoli, chou-fleur, carottes, oignons)
½ c. à thé (3 ml) de poudre d'ail
¼ c. à thé (1 ml) de poivre noir
1 c. à thé (5 ml) de beurre
½ c. à thé (3 ml) de sel

1. Préchauffer le four à 350 °F (180 °C). Vaporiser une cocotte de 8 tasses 2 l d'enduit antiadhésif.

2. Mettre l'orge et ¼ tasse (60 ml) de bouillon dans une poêle antiadhésive moyenne. Cuire l'orge à feu moyen 3 min ou jusqu'à ce qu'elle soit légèrement dorée, en remuant souvent. Transférer l'orge dans la cocotte préparée.

3. Ajouter les légumes, la poudre d'ail, le poivre et les 2 tasses (500 ml) de bouillon restants. Bien mélanger.

4. Couvrir et cuire au four pendant 50 min ou jusqu'à ce que l'orge soit tendre et que le liquide soit presque entièrement absorbé, en remuant plusieurs fois en cours de cuisson. Incorporer le beurre et le sel. Laisser reposer 5 min avant de servir.

Donne 4 portions.

POLENTA AU GRATIN

1 tasse (250 ml) de sauce piquante
1 rouleau (18 oz/510 g) de polenta du commerce, coupé en tranches de ½ po (12 mm)
4 oignons verts, hachés (environ ½ tasse/125 ml)
1½ tasse (375 ml) de mélange de fromages râpés tex-mex (environ 6 oz/170 g)

1. Préchauffer le four à 350 °F (180 °C). Étendre ½ tasse (125 ml) de sauce piquante dans le fond d'un plat de 2 l peu profond, allant au four. Disposer les tranches de polenta, en les faisant se chevaucher légèrement, dans le plat. Garnir avec les oignons verts, la sauce piquante restante et le fromage.

2. Cuire au four pendant 25 min ou jusqu'à ce que la polenta soit dorée et le fromage, fondu. Laisser reposer 5 min.

Donne 6 portions.

Temps de préparation : 10 min • Temps de cuisson au four : 25 min
• Temps de repos : 5 min

RIZ ET HARICOTS NOIRS À LA CUBAINE

3 ¾ tasses (925 ml) de bouillon de légumes
1 ½ tasse (375 ml) de riz brun non cuit
1 gros oignon, haché
1 piment jalapeño*, épépiné et haché
3 gousses d'ail, hachées
2 c. à thé (10 ml) de cumin moulu
1 c. à thé (5 ml) de sel
2 boîtes (14 oz/398 ml chacune) de haricots noirs, rincés et égouttés
1 c. à soupe (15 ml) de jus de lime frais pressé
Crème sure (facultatif)
Oignons verts, hachés (facultatif)

*Les piments jalapeños peuvent piquer et irriter la peau. Il est donc conseillé de porter des gants en caoutchouc quand on les manipule et de ne pas se toucher les yeux.

Directives pour cuisson à la mijoteuse

1. Mettre le bouillon, le riz, l'oignon, le piment jalapeño, l'ail, le cumin et le sel dans une mijoteuse. Bien mélanger. Couvrir et cuire à faible intensité pendant 7 ½ h ou jusqu'à ce que le riz soit tendre.

2. Incorporer les haricots et le jus de lime. Couvrir et cuire de 15 à 20 min ou jusqu'à ce que le plat soit bien chaud. Garnir de crème sure et d'oignons verts, si désiré.

Donne 4 à 6 portions.

Conseil

Les haricots noirs, appelés frijoles negros en espagnol, sont très appréciés dans les pays d'Amérique latine. Leur chair ferme, de couleur crème, a un goût de terre légèrement sucré. On les emploie dans les trempettes, en plat d'accompagnement, dans les soupes, les salades et les plats principaux. Les desserts sont à peu près les seuls mets où les haricots noirs n'apparaissent pas.

Pâtes épatantes

SPAGHETTIS AUX CARRÉS DE TOFU AU PESTO

1 paquet (1 lb/450 g) de tofu extra ferme
¼ à ½ tasse (60 à 125 ml) de pesto
8 oz (225 g) de spaghettis non cuits
1 pot (24 oz/700 ml) de sauce marinara
½ tasse (125 ml) de parmesan râpé grossièrement
¼ tasse (60 ml) de pignons grillés*

*Pour griller les pignons, les étaler dans un plat à four peu profond. Cuire au four préchauffé à 350 °F (180 °C) de 5 à 10 min ou jusqu'à ce qu'ils soient dorés, en remuant fréquemment.

1. Préchauffer le four à 350 °F (180 °C). Vaporiser un plat peu profond allant au four d'enduit antiadhésif.

2. Couper le tofu en cubes de 1 po (2,5 cm). Dans un bol moyen, mettre le tofu et le pesto, puis mélanger. Disposer le tofu dans le plat à four préparé. Cuire au four 15 min.

3. Pendant ce temps, cuire les spaghettis selon les indications sur l'emballage. Les égoutter et les remettre dans la casserole. Ajouter la sauce marinara et mélanger pour enrober les pâtes. Couvrir et cuire à feu doux pendant 5 min ou jusqu'à ce que la préparation soit chaude.

4. Répartir les spaghettis dans quatre assiettes et garnir chaque portion de cubes de tofu. Parsemer de fromage et de pignons.

Donne 4 portions.

CASSEROLE DE PÂTES AU MAÏS

2 c. à soupe (30 ml) d'huile végétale
1 poivron rouge, haché
1 oignon, haché
1 piment jalapeño*, haché
1 gousse d'ail, hachée
1 tasse (250 ml) de champignons tranchés
2 tasses (500 ml) de maïs en grains surgelé
½ c. à thé (3 ml) de sel
¼ c. à thé (1 ml) de cumin moulu
¼ c. à thé (1 ml) d'assaisonnement au chili
4 oz (115 g) de macaronis en coude de blé entier, cuits et égouttés
1½ tasse (375 ml) de lait
1 c. à soupe (15 ml) de beurre
1 c. à soupe (15 ml) de farine tout usage
1 tasse (250 ml) de monterey jack râpé grossièrement
1 tranche de pain de blé entier, coupée ou déchirée en morceaux de ½ po (12 mm)

*Les piments jalapeños peuvent piquer ou irriter la peau. Il est donc conseillé de porter des gants en caoutchouc quand on les manipule et de ne pas se toucher les yeux.

1. Préchauffer le four à 350 °F (180 °C). Graisser un plat de 3 l allant au four.

2. Chauffer l'huile dans une grande poêle à feu moyen/fort. Ajouter le poivron, l'oignon, le jalapeño et l'ail. Faire revenir 5 min. Ajouter les champignons et cuire 5 min. Ajouter le maïs, le sel, le cumin et l'assaisonnement au chili. Baisser le feu à doux et laisser mijoter 5 min ou jusqu'à ce que le maïs dégèle. Incorporer les macaronis et réserver.

3. Chauffer le lait dans une petite casserole à feu doux. Faire fondre le beurre dans une grande casserole à feu moyen. Incorporer la farine pour former une pâte. Incorporer graduellement le lait. Cuire en remuant jusqu'à léger épaississement. Incorporer graduellement le fromage. Cuire en remuant à feu doux jusqu'à ce que le fromage fonde. Incorporer le mélange de macaronis dans la sauce au fromage et bien mélanger.

4. À la cuillère, transférer la préparation dans le plat à four préparé. Répartir les morceaux de pain sur les macaronis. Cuire au four de 20 à 25 min ou jusqu'à ce que la préparation bouillonne. Laisser reposer 5 min avant de servir.

Donne 4 portions.

COQUILLES FARCIES AUX ÉPINARDS ET À LA RICOTTA

1 lb/450 g) de coquilles géantes
1 contenant (14 oz/400 g) de ricotta
1 paquet (10 oz/285 g) d'épinards hachés surgelés, dégelés et essorés
½ tasse (125 ml) de parmesan râpé finement
1 œuf, légèrement battu
1 gousse d'ail, hachée
½ c. à thé (3 ml) de sel
1 pot (24 oz/700 ml) de sauce marinara
½ tasse (125 ml) de mozzarella râpée grossièrement
1 c. à thé (5 ml) d'huile d'olive

Directives pour cuisson à la mijoteuse

1. Cuire les coquilles selon les indications sur l'emballage ou *al dente*. Bien les égoutter et réserver. Entre-temps, dans un bol moyen, mélanger la ricotta, les épinards, le parmesan, l'œuf, l'ail et le sel.

2. Verser ¼ tasse (60 ml) de sauce marinara dans la mijoteuse. À la cuillère, déposer 2 ou 3 c. à soupe (30 ou 45 ml) de mélange de ricotta dans une coquille et déposer celle-ci dans la mijoteuse. Répéter avec une quantité de coquilles suffisante pour couvrir le fond de la mijoteuse. Napper de ¼ tasse (60 ml) de sauce marinara. Répéter avec le reste de coquilles et de farce. Recouvrir du reste de sauce marinara et parsemer de mozzarella. Arroser d'un filet d'huile.

3. Couvrir et cuire à intensité élevée de 3 à 4 h ou jusqu'à ce que la mozzarella soit fondue et la sauce, chaude et bouillonnante.

Donne de 4 à 6 portions.

KUGEL DE BLÉ ENTIER

8 oz (225 g) de linguine de blé entier non cuites, coupées en morceaux
de 3 po (7,5 cm)
1 contenant (16¾ oz/475 g) de ricotta
1 tasse (250 ml) de crème sure
¼ tasse (60 ml) de sucre
¼ c. à thé (1 ml) de sel
¼ c. à thé (1 ml) de cannelle moulue, et plus pour décorer
3 œufs

1. Préchauffer le four à 350 °F (180 °C). Graisser un plat en verre de 8 po (20 cm) allant au four. Cuire les linguine selon les indications sur l'emballage. Bien les égoutter.

2. Pendant ce temps, dans un grand bol, mélanger la ricotta, la crème sure, le sucre, le sel et la cannelle. Ajouter les œufs et battre jusqu'à obtenir un mélange homogène. Ajouter les linguine et bien mélanger. À la cuillère, transférer le mélange dans le plat préparé. Cuire au four de 45 à 50 min ou jusqu'à ce que le kugel soit ferme et légèrement doré sur le dessus. Saupoudrer de cannelle.

Donne 4 portions.

Conseil

Le kugel est une tourte cuite au four, composée de pâtes ou de pommes de terre. C'est un classique de la cuisine juive, qui se mange généralement durant le sabbat. Il existe de nombreuses sortes de kugel – la plupart faisant office de plats d'accompagnement –, mais on en sert parfois une version sucrée aux raisins secs et aux épices comme dessert.

LASAGNE AUX COURGETTES, CHAMPIGNONS ET TOFU

1 c. à soupe (15 ml) d'huile d'olive
1 tasse (250 ml) d'oignons, hachés
1 paquet (8 oz/225 g) de champignons tranchés
2 petites courgettes, tranchées finement
½ c. à thé (3 ml) de poivre noir (à diviser)
1 paquet de 8 oz (225 g) de tofu ferme ou mou
1 œuf
¼ c. à thé (1 ml) de sel
1 pot (24 oz/700 ml) de sauce pour pâtes épicée au piment rouge
9 feuilles de lasagne sans précuisson, non cuites
2 tasses (500 ml) de mélange de fromages italiens râpés
¼ tasse (60 ml) de parmesan râpé grossièrement

1. Préchauffer le four à 350 °F (180 °C). Vaporiser d'enduit antiadhésif un plat carré de 9 po (23 cm) allant au four.

2. Chauffer l'huile dans une grande poêle. Ajouter l'oignon et le faire revenir pendant 2 min. Ajouter les champignons, les courgettes et un quart de cuillerée à thé (1 ml) de poivre. Faire revenir pendant 8 min ou jusqu'à ce que les légumes aient ramolli.

3. Entre-temps, dans un bol moyen, mélanger le tofu, l'œuf, le sel et le quart de cuillerée à thé (1 ml) de poivre restant jusqu'à homogénéité.

4. Étendre ¼ tasse (60 ml) de sauce pour pâtes dans le fond du plat préparé. Disposer 3 feuilles de lasagne sur la sauce. Alterner un tiers de chacun : mélange de légumes, mélange de tofu, sauce pour pâtes et mélange de fromages italiens. Répéter ces couches deux fois. Couvrir de papier aluminium.

5. Cuire au four pendant 1 h. Saupoudrer de parmesan. Cuire au four à découvert pendant 15 min ou jusqu'à ce que le fromage soit gratiné. Laisser reposer 15 min avant de servir.

Donne de 4 à 6 portions.

FARFALLE AU GOUDA ET AU CHOU-FLEUR

1 lb (450 g) de farfalle non cuites
4 tasses (1 l) de lait
2 gousses d'ail, pelées et écrasées
¼ tasse (60 ml), plus 3 c. à soupe (45 ml), de beurre (à diviser)
⅓ tasse (75 ml) de farine tout usage
1 lb (450 g) de gouda râpé grossièrement
1 c. à thé (5 ml) de moutarde sèche
⅛ c. à thé (0,5 ml) de paprika ou de paprika fumé
   Sel et poivre noir
1 chou-fleur, défait en fleurons
1 tasse (250 ml) de chapelure panko

1. Cuire les pâtes selon les indications sur l'emballage ou *al dente*. Égoutter les pâtes, en gardant l'eau de cuisson, et les maintenir au chaud. Remettre l'eau à bouillir.

2. Mettre le lait et l'ail dans une petite casserole et amener à ébullition. Baisser le feu et maintenir au chaud. Jeter l'ail.

3. Faire fondre ¼ tasse (60 ml) de beurre dans une grande casserole à feu moyen. Incorporer la farine en fouettant. Cuire 1 min en fouettant constamment. Ajouter graduellement le lait, en fouettant après chaque ajout. Amener à ébullition. Baisser le feu et cuire en remuant pendant 10 min ou jusqu'à épaississement. Retirer du feu.

4. Ajouter le fromage, la moutarde et le paprika dans la sauce. Fouetter jusqu'à ce que le fromage soit fondu. Saler et poivrer. Maintenir au chaud.

5. Préchauffer le four en position gril. Mettre le chou-fleur dans l'eau des pâtes bouillonnante. Cuire le chou-fleur de 3 à 5 min ou jusqu'à tendreté. L'égoutter. Mélanger les pâtes et le chou-fleur à la sauce. À la cuillère, transférer le mélange de pâtes dans 6 à 8 ramequins ou dans un plat de 13 x 9 po (33 x 23 cm) allant au four.

6. Faire fondre les 3 c. à soupe (45 ml) de beurre restantes dans une petite casserole à feu moyen. Ajouter la chapelure panko et remuer jusqu'à ce que le mélange soit à peine humide. Parsemer le mélange de chapelure sur le mélange de pâtes. Mettre sous le gril 2 min ou jusqu'à ce que le plat soit gratiné.

Donne de 6 à 8 portions.

SPAGHETTIS DE BLÉ ENTIER, SAUCE TOMATE AU POIVRON GRILLÉ

1½ c. à soupe (23 ml) d'huile d'olive
1 oignon rouge moyen, haché finement
1 gousse d'ail, hachée
Poivrons grillés (recette ci-dessous)*, hachés
1 boîte (14 oz/398 ml) de tomates en dés rôties sur le feu
½ c. à thé (3 ml) de sel
¼ c. à thé (1 ml) d'origan séché
¼ c. à thé (1 ml) de flocons de piment rouge
⅛ c. à thé (0,5 ml) de poivre noir
8 oz (225 g) de spaghettis de blé entier, cuits et égouttés
½ tasse (125 ml) de parmesan râpé finement

*Ou remplacer par 3 poivrons rouges grillés en pot.

1. Chauffer l'huile dans une grande poêle à feu moyen/fort. Ajouter l'oignon et l'ail et faire revenir de 3 à 5 min ou jusqu'à tendreté. Ajouter les poivrons grillés et cuire 2 min.

2. Ajouter les tomates, le sel, l'origan, le piment et le poivre. Baisser le feu à doux et laisser mijoter 10 min. Servir la sauce sur les spaghettis et saupoudrer de parmesan.

Donne 4 portions.

Poivrons grillés : Mettre 3 gros poivrons rouges sur la flamme de la cuisinière ou à 4 po (10 cm) du gril du four. À l'aide d'une longue pince, les tourner fréquemment pour les noircir de toutes parts. Les transférer dans un sac en papier, fermer le sac et laisser reposer de 30 min à 1 h pour que la peau se détache. Enlever la peau noire en la grattant avec un couteau économe.

ROULEAUX DE LASAGNE AU PESTO

2 tasses (500 ml) de feuilles de basilic frais
2 gousses d'ail
¾ tasse (175 ml) de parmesan râpé grossièrement (à diviser)
¾ tasse (175 ml) d'huile d'olive
2 tasses (500 ml) de ricotta au lait entier*
1 tasse (250 ml) de mozzarella légère, râpée grossièrement
1 œuf battu
1 tasse (250 ml) de courgette, coupée en dés
16 feuilles de lasagne cuites, égouttées et refroidies

*On peut aussi utiliser de la ricotta légère.

1. Préparer la sauce au pesto dans un mélangeur ou un robot culinaire en hachant le basilic et l'ail. Ajouter ½ tasse (125 ml) de parmesan et bien mixer. En laissant le robot en marche, ajouter graduellement l'huile et continuer à mixer jusqu'à homogénéité. Réserver. Dans un bol moyen, mélanger la ricotta et la mozzarella, le quart de tasse (60 ml) de parmesan restant et l'œuf. Bien mélanger. Incorporer les courgettes.

2. Étaler 2 c. à soupe (30 ml) combles de mélange de fromage sur chaque feuille de lasagne. Rouler chaque feuille séparément et la poser à la verticale dans un plat de 11 x 7 po (28 x 43 cm) graissé allant au four. Verser la sauce au pesto sur les rouleaux de lasagne. Couvrir et cuire au four à 350 °F (180 °C) pendant 40 min ou jusqu'à ce que les rouleaux soient bouillonnants et bien chauds.

Donne 8 portions.

Bon à savoir

En plus d'être délicieux, le pesto s'avère un excellent moyen de conserver le basilic récolté en abondance durant l'été. Après que le basilic a été mélangé à de l'huile, on peut le congeler dans des sacs à congélation ou de petits contenants, et le conserver plusieurs mois. Il est habituellement plus facile de congeler le pesto avant d'y mélanger des noix ou du fromage, que l'on pourra toujours rajouter par la suite.

RAVIOLIS GRATINÉS, SAUCE À LA CITROUILLE

1 paquet (9 oz/255 g) de raviolis au fromage, frais
1 c. à soupe de beurre
1 échalote française, hachée finement
1 tasse (250 ml) de crème à fouetter
1 tasse (250 ml) de citrouille bien tassée
½ tasse (125 ml) d'asiago ou de parmesan râpé grossièrement (à diviser)
½ c. à thé (3 ml) de sel
¼ c. à thé (1 ml) de muscade moulue
⅛ c. à thé (0,5 ml) de poivre noir
½ tasse (125 ml) de chapelure sèche grossière nature ou de petits croûtons

1. Préchauffer le four à 350 °F (180 °C). Graisser un plat de 2 l allant au four. Cuire les raviolis selon les indications sur l'emballage. Bien les égoutter, les couvrir et les maintenir au chaud.

2. Faire fondre le beurre dans une casserole moyenne à feu moyen. Ajouter l'échalote et faire revenir pendant 3 min ou jusqu'à tendreté. Baisser le feu à doux. Ajouter la crème, la citrouille, ¼ tasse (60 ml) d'asiago, le sel, la muscade et le poivre. Cuire en remuant pendant 2 min ou jusqu'à ce que le fromage soit fondu. Incorporer délicatement les raviolis.

3. Transférer les raviolis et la sauce dans le plat préparé. Dans un petit bol, mélanger le quart de tasse (60 ml) d'asiago restant et la chapelure. Parsemer ce mélange sur les raviolis.

4. Cuire au four pendant 15 min ou jusqu'à ce que le plat soit bien chaud et le dessus, légèrement gratiné.

Donne 4 portions.

PENNE SAUCE CRÉMEUSE AUX LÉGUMES

2 c. à soupe (30 ml) d'huile d'olive

1 sac (1 lb/450 g) de légumes mélangés surgelés (brocoli, chou-fleur, carottes), dégelés

3 gousses d'ail, hachées

1 boîte (10 oz/284 ml) de concentré de crème de champignons (ordinaire ou faible en gras)

1 c. à thé (5 ml) de feuilles de basilic séchées, broyées

1 boîte (14 oz/398 ml) de tomates en dés, non égouttées

1 lb (450 g) de pâtes en tube moyennes (penne ou ziti), cuites et égouttées
Parmesan, râpé grossièrement ou finement

1. Chauffer l'huile dans une poêle de 12 po (30 cm) à feu moyen/fort. Ajouter les légumes et l'ail et cuire 2 min.

2. Incorporer la soupe, le basilic et les tomates dans la poêle, et amener à ébullition. Baisser le feu à doux. Couvrir et cuire 10 min ou jusqu'à ce que les légumes soient tendres.

3. Mettre les pâtes dans un grand bol de service. Ajouter le mélange de légumes et bien mélanger. Saupoudrer de parmesan.

Donne 4 portions.

Temps de préparation : 10 min • Temps de cuisson : 20 min

Piquants et consistants

LASAGNE DE TORTILLAS À 7 ÉTAGES

2 boîtes (14 oz/398 ml chacune) de haricots pinto, rincés et égouttés
1 tasse (250 ml) de sauce piquante
¼ c. à thé (1 ml) de poudre d'ail ou 2 gousses d'ail, hachées
2 c. à soupe (30 ml) de feuilles de coriandre fraîche, hachées
1 boîte (14 oz/398 ml) de haricots noirs, égouttés
1 petite tomate, hachée (environ ½ tasse ou 125 ml)
7 tortillas (8 po/20 cm) de blé
2 tasses (500 ml) de cheddar râpé grossièrement

1. Dans un petit bol, écraser les haricots pinto à la fourchette. Incorporer ¾ tasse (175 ml) de sauce piquante et la poudre d'ail. Dans un autre bol, mélanger le reste de sauce piquante, la coriandre, les haricots noirs et la tomate.

2. Déposer 1 tortilla sur une plaque de cuisson. Étendre ¾ tasse (175 ml) du mélange de haricots pinto sur la tortilla, à environ ½ po (12 mm) du bord. Couvrir de ¼ tasse (60 ml) de fromage. Déposer une autre tortilla et ⅔ tasse (150 ml) du mélange de haricots noirs. Recouvrir de ¼ tasse (60 ml) de fromage. Répéter ces couches deux autres fois. Déposer la tortilla restante et étendre le reste de mélange de haricots pinto. Couvrir de papier aluminium.

3. Cuire au four à 400 °F (200 °C) pendant 40 min ou jusqu'à ce que le plat soit chaud. Ôter le papier aluminium. Garnir du reste de fromage et couper en pointes. Servir avec d'autre sauce piquante et parsemer d'autre coriandre, si désiré.

Donne 6 portions.

Temps de préparation : 20 min • Temps de cuisson au four : 40 min

CURRY DE LÉGUMES ET POIS CHICHES

2 c. à thé (10 ml) d'huile végétale

4 tasses (1 l) de légumes frais coupés, tels que poivrons, brocoli, céleri, carottes, courgettes et oignon rouge

3 gousses d'ail, hachées

2 tasses (500 ml) de bouillon de légumes (à diviser)

1½ c. à thé (8 ml) de poudre de cari

¼ c. à thé (1 ml) de piment de Cayenne

1 boîte (19 oz/540 ml) de pois chiches, non égouttés

⅓ tasse (75 ml) de raisins secs blonds

¼ à ½ c. à thé (1 à 3 ml) de sel

¾ tasse (175 ml) de couscous de blé entier, non cuit

¼ tasse (60 ml) de coriandre fraîche hachée

¼ tasse (60 ml) d'amandes tranchées, grillées*

*Pour griller les amandes, les étaler dans une petite poêle antiadhésive. Les cuire à feu moyen jusqu'à ce qu'elles soient légèrement dorées, en remuant constamment. Les transférer dans une assiette pour qu'elles refroidissent.

1. Chauffer l'huile dans une grande casserole à feu moyen. Ajouter les légumes et cuire 5 min, en remuant de temps en temps. Ajouter l'ail et cuire 1 min. Incorporer 1 tasse (250 ml) de bouillon, la poudre de cari et le piment de Cayenne. Amener à ébullition. Baisser le feu, couvrir et laisser mijoter 6 min. Incorporer les pois chiches, les raisins secs et le sel. Couvrir et laisser mijoter 2 ou 3 min ou jusqu'à ce que les légumes soient tendres.

2. Pendant ce temps, mettre la tasse (250 ml) de bouillon restante dans une petite casserole et amener à ébullition sur feu moyen/fort. Incorporer le couscous. Couvrir et retirer du feu. Laisser reposer 5 min. Égrener le couscous à la fourchette. Incorporer la coriandre et les amandes dans le curry. Servir le curry sur le couscous.

Donne 4 portions.

LASAGNE SANS PRÉCUISSON AUX LÉGUMES

1 c. à soupe (15 ml) d'huile d'olive

1 oignon doux moyen, tranché finement

1 poivron rouge moyen, tranché finement

1 courgette moyenne, coupée en deux dans le sens de la longueur
et tranchée finement

2 contenants (14 oz/400 g chacun) de ricotta

2 tasses (500 ml) de mozzarella râpée grossièrement (à diviser)

½ tasse (125 ml) de parmesan râpé finement (à diviser)

2 œufs

2 pots (24 oz/700 ml chacun) de sauce pour pâtes

12 feuilles de lasagne non cuites

1. Préchauffer le four à 375 °F (190 °C). Dans une poêle antiadhésive de 12 po (30 cm), chauffer l'huile d'olive à feu moyen/fort. Cuire l'oignon, le poivron et la courgette, en remuant de temps en temps, 5 min ou jusqu'à ce que les légumes soient légèrement ramollis.

2. Pendant ce temps, mélanger la ricotta, 1 tasse (250 ml) de mozzarella, ¼ tasse (60 ml) de parmesan et les œufs.

3. Dans un plat de 13 x 9 po (33 x 23 cm) allant au four, étendre une tasse de sauce pour pâtes. Alterner 4 feuilles de lasagne non cuites, 1 tasse de sauce, la moitié du mélange de ricotta et la moitié des légumes. Répéter ces couches. Terminer par le reste de feuilles de lasagne non cuites et 2 tasses (500 ml) de sauce. Réserver le reste de sauce.

4. Couvrir avec du papier aluminium et cuire au four 1 h. Ôter le papier aluminium et parsemer du reste de fromages. Cuire au four à découvert pendant 10 min. Laisser reposer 10 min avant de servir. Servir avec la sauce réservée réchauffée.

Donne 12 portions.

Temps de préparation : 15 min • Temps de cuisson : 1 h 15

PIZZA DE BLÉ ENTIER À CROÛTE MINCE AUX LÉGUMES

¾ à 1 tasse (175 à 250 ml) de farine tout usage (à diviser)
½ tasse (125 ml) de farine de blé entier
1 c. à thé (5 ml) de levure sèche à action rapide
1½ c. à thé (8 ml) de basilic séché (à diviser)
¼ c. à thé (1 ml) de sel
1 c. à soupe (15 ml) d'huile d'olive
1 gousse d'ail, hachée
½ tasse (125 ml) d'eau assez chaude (120 à 130 °F/49 à 54 °C)
1 c. à thé (5 ml) de semoule de maïs
½ tasse (125 ml) de sauce tomate
1 tasse (250 ml) de champignons tranchés finement
1 gros poivron rouge grillé, coupé en lanières fines, ou ¾ tasse (175 ml) de poivrons rouges grillés en pot
½ tasse (125 ml) de courgette tranchée finement
⅓ tasse (75 ml) d'oignons verts hachés
1 tasse (250 ml) de mozzarella râpée grossièrement
¼ c. à thé (1 ml) de flocons de piment rouge

1. Dans un bol moyen, mélanger ½ tasse (125 ml) de farine tout usage, la farine de blé entier, la levure, 1 c. à thé (5 ml) de basilic et le sel. Dans une petite tasse, mélanger l'huile et l'ail. Incorporer ce mélange et l'eau dans le mélange de farine. Incorporer ¼ tasse (60 ml) de farine tout usage jusqu'à ce qu'il se forme une pâte molle, légèrement collante. Sur une surface légèrement farinée, pétrir la pâte pendant environ 5 min, en ajoutant au besoin ¼ tasse (60 ml) de farine tout usage pour rendre la pâte lisse et élastique. Façonner la pâte en une boule. Couvrir et laisser reposer 10 min.

2. Placer la grille du four à sa position la plus basse. Préchauffer le four à 400 °F (200 °C). Vaporiser une tôle à pizza ou une plaque de cuisson de 12 po (30 cm) d'enduit antiadhésif. Saupoudrer de semoule de maïs. Sur une surface légèrement farinée, abaisser la pâte en un grand disque. La transférer sur la plaque préparée, en étirant la pâte jusqu'au rebord de la plaque.

3. Dans un petit bol, mélanger la sauce tomate et la demi-cuillerée à thé (3 ml) de basilic restante. Répartir uniformément la sauce sur la pâte. Garnir de champignons, de poivron grillé, de courgette, d'oignons verts et de mozzarella. Saupoudrer de flocons de piment rouge. Cuire au four de 20 à 25 min ou jusqu'à ce que la croûte soit dorée et le fromage, fondu.

Donne 4 portions.

ENCHILADAS AUX CHAMPIGNONS ET ÉPINARDS

2 paquets (10 oz/285 g chacun) d'épinards hachés surgelés, dégelés et essorés
1½ tasse (375 ml) de champignons tranchés
1 boîte (14 oz/398 ml) de haricots pinto, rincés et égouttés
3 c. à thé (15 ml) d'assaisonnement au chili (à diviser)
¼ c. à thé (1 ml) de flocons de piment rouge
1 tasse (250 ml) de sauce tomate
2 c. à soupe (30 ml) d'eau
½ c. à thé (3 ml) de sauce piquante
8 tortillas de maïs
1 tasse (250 ml) de monterey jack râpé grossièrement
Garnitures : laitue en lanières, tomates hachées, crème sure et coriandre fraîche hachée

1. Dans une grande poêle antiadhésive à feu moyen, faire revenir les épinards, les champignons, les haricots, 2 c. à thé (10 ml) d'assaisonnement au chili et les flocons de piment rouge pendant 5 min.

2. Dans une poêle moyenne, mélanger la sauce tomate, l'eau, la cuillerée à thé (5 ml) d'assaisonnement au chili restante et la sauce piquante. Tremper les tortillas dans le mélange de sauce tomate. Empiler les tortillas sur du papier ciré.

3. À la cuillère, farcir le centre de chaque tortilla. Les rouler et les déposer, le joint vers le bas, dans un plat de 11 x 8 po (28 x 20 cm) allant au micro-ondes. Au besoin, maintenir les rouleaux à l'aide de cure-dents. Étaler le reste du mélange de sauce tomate sur les enchiladas.

4. Couvrir le plat avec de la pellicule plastique perforée. Placer au micro-ondes à puissance moyenne (50 %) et cuire pendant 10 min ou jusqu'à ce que les enchiladas soient bien chaudes. Saupoudrer de fromage. Mettre au micro-ondes à puissance moyenne (50 %) et cuire pendant 3 min ou jusqu'à ce que le fromage soit fondu. Servir avec de la laitue, des tomates, de la crème sure et de la coriandre. Ôter les cure-dents avant de servir.

Donne 4 portions.

AUBERGINE AU PARMESAN SANS FRITURE

2 tasses (500 ml) de chapelure sèche assaisonnée
1½ tasse (375 ml) de parmesan râpé (à diviser)
2 aubergines moyennes, pelées et coupées en tranches de ¼ po (6 mm)
4 œufs, battus avec 3 c. à soupe (45 ml) d'eau
1 pot (24 oz/700 ml) de sauce pour pâtes au piment rouge
1½ tasse (375 ml) de mozzarella râpée grossièrement

1. Préchauffer le four à 350 °F (180 °C). Dans un bol moyen, mélanger la chapelure et ½ tasse (125 ml) de parmesan. Tremper les tranches d'aubergine dans le mélange d'œufs, puis dans le mélange de chapelure. Sur des plaques de cuisson légèrement huilées, disposer les tranches d'aubergine en une seule couche. Cuire au four 25 min ou jusqu'à ce que l'aubergine soit dorée.

2. Dans un plat de 13 x 9 po (33 x 23 cm) allant au four, étendre uniformément 1 tasse (250 ml) de sauce pour pâtes. Alterner la moitié des tranches d'aubergine cuites, 1 tasse (250 ml) de sauce et ½ tasse (125 ml) de parmesan. Répéter ces couches. Couvrir avec du papier aluminium et cuire au four 45 min. Ôter le papier aluminium et saupoudrer de mozzarella. Cuire à découvert 10 min de plus ou jusqu'à ce que le fromage soit fondu.

Donne 6 portions.

Temps de préparation : 10 min • Temps de cuisson : 1 h 20

Conseil

Quand on achète une aubergine, il faut la choisir ferme et lisse. Elle doit être lourde par rapport à sa taille et avoir une pelure luisante. Évitez toutes celles qui ont des marques brunes ou des taches molles. L'aubergine fraîche est assez périssable. Conservez-la dans un endroit frais et sec, comme le compartiment à légumes du réfrigérateur, et utilisez-la dans les jours qui suivent.

BURRITOS AUX HARICOTS ET LÉGUMES

2 c. à soupe (30 ml) d'assaisonnement au chili
2 c. à thé (10 ml) d'origan séché
1½ c. à thé (8 ml) de cumin moulu
1 grosse patate douce, coupée en dés
1 boîte (14 oz/398 ml) de haricots noirs ou pinto, rincés et égouttés
4 gousses d'ail, hachées
1 oignon moyen, coupé en deux et émincé finement
1 piment jalapeño*, épépiné et haché
1 poivron vert, haché
1 tasse (250 ml) de maïs en grains
3 c. à soupe (45 ml) de jus de lime
1 c. à soupe (15 ml) de coriandre fraîche hachée
¾ tasse (175 ml) de monterey jack râpé grossièrement
4 tortillas (10 po/25 cm) de blé
Crème sure (facultatif)

*Les piments jalapeños peuvent piquer et irriter la peau. Il est donc conseillé de porter des gants en caoutchouc quand on les manipule et de ne pas se toucher les yeux.

Directives pour cuisson à la mijoteuse

1. Dans un petit bol, mélanger l'assaisonnement au chili, l'origan et le cumin.

2. Dans la mijoteuse, alterner la patate douce, les haricots, la moitié du mélange d'épices, l'ail, l'oignon, le piment jalapeño, le poivron, l'autre moitié du mélange d'épices et le maïs. Couvrir et cuire à faible intensité pendant 5 h ou jusqu'à ce que la patate douce soit tendre. Incorporer le jus de lime et la coriandre.

3. Préchauffer le four à 350 °F (180 °C). Déposer 2 c. à soupe (30 ml) de fromage dans le centre de chaque tortilla. Garnir de 1 tasse (250 ml) de farce. Plier les 4 côtés pour envelopper la farce. Mettre les burritos, le joint vers le bas, sur une plaque de cuisson. Couvrir de papier aluminium et cuire au four de 20 à 30 min ou jusqu'à ce que les burritos soient bien chauds. Servir avec de la crème sure, si désiré.

Donne 4 portions.

POLENTA À LA SAUCE POUR PÂTES AUX LÉGUMES

1 boîte (14 oz/398 ml) de bouillon de légumes
1½ tasse (375 ml) d'eau
1 tasse (250 ml) de semoule de maïs
2 c. à thé (10 ml) d'huile d'olive
12 oz (340 g) de légumes mélangés coupés, tels que fleurons de brocoli, poivrons, oignon rouge, courgette et carotte
2 c. à thé (10 ml) d'ail, haché
2 tasses (500 ml) de sauce pour pâtes à la tomate et au basilic, du commerce
½ tasse (125 ml) d'asiago ou de parmesan, râpé grossièrement
¼ tasse (60 ml) de basilic frais, haché (facultatif)

1. Pour préparer la polenta, fouetter le bouillon, l'eau et la semoule de maïs dans un grand bol allant au micro-ondes. Couvrir avec du papier ciré et cuire au micro-ondes à puissance élevée pendant 5 min. Bien fouetter et cuire au micro-ondes à puissance élevée de 4 à 5 min ou jusqu'à ce que la polenta soit très épaisse. Fouetter encore, couvrir et maintenir au chaud.

2. Entre-temps, chauffer l'huile dans une grande poêle antiadhésive à feu moyen. Ajouter les légumes et l'ail. Faire revenir pendant 5 min. Ajouter la sauce pour pâtes. Baisser le feu, couvrir et laisser mijoter de 5 à 8 min ou jusqu'à ce que les légumes soient tendres.

3. Napper la polenta de sauce pour pâtes aux légumes. Saupoudrer de fromage et de basilic.

Donne 4 portions.

Temps de préparation : 5 min • Temps de cuisson : 15 min

GNOCCHIS AU FOUR

1 paquet (17 oz/480 g) de gnocchis (surgelés ou emballés sous vide)
⅓ tasse (75 ml) d'huile d'olive
3 gousses d'ail, hachées
1 boîte (14 oz/398 ml) de tomates en dés
1 paquet (10 oz/285 g) d'épinards surgelés, dégelés et essorés
1 c. à thé (5 ml) d'épices italiennes
   Sel et poivre noir
½ tasse (125 ml) de parmesan râpé finement
½ tasse (125 ml) de mozzarella râpée grossièrement

1. Préchauffer le four à 350 °F (180 °C). Graisser une grande cocotte ou un grand plat à gratin.

2. Cuire les gnocchis selon les indications sur l'emballage. Les égoutter et les réserver.

3. Entre-temps, chauffer l'huile dans une grande poêle à feu moyen. Ajouter l'ail et le faire revenir 30 s. Ajouter les tomates, les épinards et les épices italiennes. Saler et poivrer, et faire revenir environ 5 min. Ajouter les gnocchis et mélanger délicatement.

4. Transférer le mélange de gnocchis dans le plat préparé. Saupoudrer les fromages. Cuire au four de 20 à 30 min ou jusqu'à ce que le plat bouillonne et que le fromage soit fondu.

Donne 4 à 6 portions.

Bon à savoir

Les gnocchis sont de petites boulettes italiennes faites de pomme de terre ou de semoule, auxquelles on ajoute du fromage et souvent des épinards. (En italien, on dit un gnocco, mais personne n'en a jamais mangé qu'un seul!) En Italie, les gnocchis sont souvent servis avec du beurre et du fromage en entrée, mais cuits au four comme dans cette recette, ils peuvent aussi servir de plat principal végétarien, copieux et rassasiant.

TOURTE À LA RATATOUILLE

¼ tasse (60 ml) d'huile d'olive
1 aubergine moyenne, pelée et coupée en morceaux de ½ po (12 mm)
1 gros oignon, haché
1 poivron vert ou jaune, haché
1½ c. à thé (8 ml) d'ail haché
1 boîte (14 oz/398 ml) de tomates en dés à l'ail ou de tomates étuvées style italien, non égouttées
1 c. à thé (5 ml) de basilic séché
½ c. à thé (3 ml) de flocons de piment rouge
¼ c. à thé (1 ml) de sel
1 c. à soupe (15 ml) de vinaigre balsamique
2 tasses (500 ml) de mozzarella râpée grossièrement (à diviser)
1 paquet (10 oz/285 g) de pâte à pizza fraîche

1. Préchauffer le four à 425 °F (220 °C). Chauffer l'huile dans une grande poêle à feu moyen. Ajouter l'aubergine, l'oignon, le poivron et l'ail. Cuire 10 min ou jusqu'à ce que l'aubergine commence à dorer, en remuant de temps en temps. Incorporer les tomates, le basilic, les flocons de piment rouge et le sel. Cuire 5 min en remuant souvent.

2. Retirer du feu et incorporer le vinaigre. Laisser reposer, puis incorporer 1 tasse (250 ml) de fromage. Transférer le mélange dans un plat à gratin non graissé de 11 x 7 po (28 x 18 cm). Parsemer de la tasse (250 ml) de fromage restante.

3. Abaisser la pâte à pizza et la disposer sur le dessus du plat. Faire des incisions dans la pâte pour laisser s'échapper la vapeur. Cuire au four 15 min ou jusqu'à ce que la croûte soit bien dorée et le mélange de légumes, bouillonnant. Laisser reposer 5 min avant de servir.

Donne 6 portions.

Plats rapides
et faciles

Table des matières

Soupes et ragoûts

SOUPE ITALIENNE AUX CHAMPIGNONS

½ tasse (125 ml) de cèpes déshydratés (environ ½ oz/14 g)
1 c. à soupe (15 ml) d'huile d'olive
2 tasses (500 ml) d'oignons hachés
8 oz (225 g) de champignons cremini ou bouton, tranchés
2 gousses d'ail, hachées
¼ c. à thé (1 ml) de thym séché
¼ tasse (60 ml) de farine tout usage
4 tasses (1 l) de bouillon de légumes
½ tasse (125 ml) de crème à fouetter
⅓ tasse (75 ml) de marsala (facultatif)
Sel et poivre noir

1. Mettre les champignons déshydratés dans un petit bol et les recouvrir d'eau bouillante. Les laisser reposer 15 min ou jusqu'à ce qu'ils soient tendres.

2. Pendant ce temps, chauffer l'huile dans une grande casserole à feu moyen. Ajouter les oignons et les faire revenir 5 min ou jusqu'à ce qu'ils soient translucides. Ajouter les champignons cremini, l'ail et le thym. Cuire 8 min, en remuant de temps en temps. Ajouter la farine et cuire 1 min en remuant. Incorporer le bouillon.

3. Égoutter les cèpes et réserver le liquide. Hacher les cèpes et les ajouter dans la casserole en même temps que le liquide réservé. Amener à ébullition. Baisser le feu à moyen/doux et laisser mijoter 10 min. Incorporer la crème et le marsala, si désiré. Saler et poivrer. Laisser mijoter 5 min ou jusqu'à ce que la soupe soit bien chaude. Servir immédiatement.

Donne 6 à 8 portions.

RAGOÛT DE COURGE, D'AUBERGINE ET DE POIS CHICHES AU CARI

1 c. à thé (5 ml) d'huile d'olive
½ tasse (125 ml) de poivron rouge coupé en dés
¼ tasse (60 ml) d'oignons coupés en dés
1¼ c. à thé (6 ml) de poudre de cari
1 gousse d'ail, hachée
½ c. à thé (3 ml) de sel
1¼ tasse (310 ml) d'aubergine pelée et coupée en cubes
¾ tasse (175 ml) de courge poivrée ou musquée, pelée et coupée en cubes
1 tasse (250 ml) de pois chiches en boîte, rincés et égouttés
½ tasse (125 ml) de bouillon de légumes ou d'eau
3 c. à soupe (45 ml) de vin blanc
Sauce piquante (facultatif)
Yogourt
Persil frais, haché

1. Chauffer l'huile dans une casserole moyenne à feu moyen. Ajouter le poivron et l'oignon et faire revenir 5 min. Incorporer la poudre de cari, l'ail et le sel, et faire revenir 1 min. Ajouter l'aubergine, la courge, les pois chiches, le bouillon et le vin. Couvrir et amener à ébullition. Baisser le feu et laisser mijoter de 20 à 25 min ou jusqu'à ce que la courge et l'aubergine soient tendres.

2. Assaisonner au goût avec de la sauce piquante, si désiré. Servir avec du yogourt et du persil.

Donne 2 portions.

CHAUDRÉE DU BAYOU

1 c. à soupe (15 ml) d'huile d'olive
1½ tasse (375 ml) d'oignons hachés
1 gros poivron vert, haché
1 grosse carotte, hachée
8 oz (225 g) de pommes de terre rouges, coupées en dés
1 tasse (250 ml) de maïs en grains
1 tasse (250 ml) d'eau
½ c. à thé (3 ml) de thym séché
2 tasses (500 ml) de lait
2 c. à soupe (30 ml) de persil frais, haché
1½ c. à thé (8 ml) d'assaisonnement à fruits de mer
¾ c. à thé (4 ml) de sel

1. Chauffer l'huile dans une grosse cocotte à feu moyen/fort. Ajouter les oignons, le poivron et la carotte. Faire revenir 4 min ou jusqu'à ce que les oignons soient translucides.

2. Ajouter les pommes de terre, le maïs, l'eau et le thym. Amener à ébullition sur feu fort. Baisser le feu, couvrir et laisser mijoter 15 min ou jusqu'à ce que les pommes de terre soient tendres. Incorporer le lait, le persil, l'assaisonnement et le sel. Cuire 5 min de plus.

Donne 6 portions.

CHILI DU SUD-OUEST AMÉRICAIN

1 c. à soupe (15 ml) d'huile d'olive
1 gros oignon, haché
2 grosses tomates, hachées
1 pot (4 oz/115 g) de piments jalapeños tranchés, non égouttés et hachés
1 c. à soupe (15 ml) d'assaisonnement au chili
1 c. à thé (5 ml) de cumin moulu
1 boîte (14 oz/398 ml) de haricots rognons rouges, non égouttés
1 boîte (14 oz/398 ml) de haricots blancs Great Northern, non égouttés
¼ tasse (60 ml) de coriandre fraîche, hachée (facultatif)

1. Chauffer l'huile dans une grande casserole à feu moyen. Faire ramollir l'oignon. Incorporer les tomates, les piments, l'assaisonnement au chili et le cumin. Amener à ébullition. Ajouter les haricots et leur liquide. Baisser le feu à doux. Couvrir et laisser mijoter 15 min, en remuant de temps en temps. Garnir de coriandre.

Donne 4 portions.

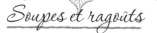

SOUPE AU VERMICELLE, TOFU ET POIS MANGE-TOUT

5 tasses (1,25 l) de bouillon de légumes
4 oz (115 g) de vermicelles non cuits, coupés en trois
1 paquet (1 lb oz/450 g) de tofu ferme, égoutté et coupé en cubes de ¼ po (6 mm)
3 oz (85 g) de pois mange-tout
1 tasse (250 ml) de carottes râpées
½ c. à thé (3 ml) de sauce piquante
½ tasse (125 ml) d'oignons verts hachés
¼ tasse (60 ml) de coriandre fraîche hachée (facultatif)
2 c. à soupe (30 ml) de jus de lime
1 c. à soupe (15 ml) de gingembre frais, râpé
2 c. à thé (10 ml) de sauce soja

1. Amener le bouillon à ébullition dans une grande casserole sur feu fort. Incorporer les vermicelles. Ramener à ébullition. Baisser le feu à moyen et laisser mijoter 6 min. Incorporer le tofu, les pois mange-tout, les carottes, la sauce piquante. Laisser mijoter 2 min.

2. Retirer la casserole du feu. Incorporer les oignons verts, la coriandre, si désiré, le jus de lime, le gingembre et la sauce soja. Servir immédiatement.

Donne 4 portions.

RAGOÛT DE LÉGUMES CONSISTANT

1 c. à soupe (15 ml) d'huile d'olive
1 tasse (250 ml) d'oignons hachés
¾ tasse (175 ml) de carottes hachées
3 gousses d'ail, hachées
4 tasses (1 l) de chou vert haché grossièrement
3½ tasses (875 ml) de pommes de terre rouges nouvelles, non épluchées,
    hachées grossièrement
1 c. à thé (5 ml) de sel
1 c. à thé (5 ml) de romarin séché
½ c. à thé (3 ml) de poivre noir
4 tasses (1 l) de bouillon de légumes
1 boîte (14 oz/398 ml) de haricots blancs Great Northern,
    rincés et égouttés
1 boîte (14 oz/398 ml) de tomates en dés
    Parmesan, râpé finement (facultatif)

1. Chauffer l'huile dans une grande casserole à feu moyen/fort. Ajouter l'oignon et les carottes et faire revenir 3 min. Ajouter l'ail et faire revenir 1 min.

2. Ajouter le chou, les pommes de terre, le sel, le romarin et le poivre, et cuire 1 min. Incorporer le bouillon, les haricots et les tomates. Amener à ébullition. Baisser le feu à moyen/doux et laisser mijoter 15 min ou jusqu'à ce que les pommes de terre soient tendres. Parsemer de fromage, si désiré.

Donne 6 portions.

Bon à savoir

Les haricots Great Northern ont un goût de noisette et une texture dense. Ils ressemblent à des haricots de Lima et sont l'une des variétés de haricots blancs les plus souvent utilisées. D'autres haricots blancs, comme les cannellini et les navy, peuvent facilement remplacer les Great Northern dans cette recette.

MINESTRONE AUX RAVIOLIS

1 paquet (9 oz/250 g) de raviolis au fromage, frais
2 c. à thé (10 ml) d'huile d'olive
2 carottes, hachées
1 branche de céleri, hachée
1 oignon moyen, haché
2 gousses d'ail, hachées
6 tasses (1,5 l) d'eau
1 boîte (14 oz/398 ml) de pois chiches, rincés et égouttés
1 boîte (14 oz/398 ml) de tomates en dés
3 c. à soupe (45 ml) de concentré de tomate
1 c. à thé (5 ml) de basilic séché
1 c. à thé (5 ml) d'origan séché
¾ c. à thé (4 ml) de sel
¾ c. à thé (4 ml) de poivre noir
1 courgette moyenne, coupée en deux dans le sens de la longueur et tranchée
(environ 2 tasses/500 ml)
1 paquet (10 oz/285 g) de jeunes épinards

1. Cuire les raviolis selon les indications sur l'emballage. Les égoutter et les maintenir au chaud.

2. Pendant ce temps, chauffer l'huile dans une grosse cocotte à feu moyen/fort. Ajouter les carottes, le céleri, l'oignon et l'ail. Cuire, en remuant de temps en temps, environ 5 min ou jusqu'à ce que les légumes soient ramollis.

3. Incorporer l'eau, les pois chiches, les tomates, le concentré de tomate, le basilic, l'origan, le sel et le poivre. Amener à ébullition, baisser le feu et laisser mijoter 15 min ou jusqu'à ce que les légumes soient tendres. Ajouter la courgette et cuire 5 min. Incorporer les épinards et cuire 2 min ou seulement jusqu'à ce que les épinards soient flétris. Incorporer les raviolis.

Donne 8 portions.

Temps de préparation: 20 min • **Temps de cuisson:** 27 min

CHILI VÉGÉTARIEN GRATINÉ AU PAIN DE MAÏS

1 c. à soupe (15 ml) d'huile

1 lb (450 g) de courgettes, coupées en deux dans le sens de la longueur, puis en tranches de ½ po ou 12 mm (environ 4 tasses/1 l)

1 poivron rouge ou vert, coupé en morceaux de 1 po (2,5 cm)

1 branche de céleri, tranchée finement

1 gousse d'ail, hachée

2 boîtes (14 à 19 oz/398 à 540 ml chacune) de haricots rognons, rincés et égouttés

1 boîte (27 oz/796 ml) de tomates broyées, non égouttées

¼ tasse (60 ml) de sauce piquante forte

1 c. à soupe (15 ml) d'assaisonnement au chili

1 paquet (6½ oz/185 g) de mélange pour pain de maïs, plus les ingrédients pour préparer le mélange

1. Préchauffer le four à 400 °F (200 °C). Chauffer 1 c. à soupe (15 ml) d'huile dans une poêle* de 12 po (30 cm) allant au four, à feu moyen/fort. Ajouter la courgette, le poivron, le céleri et l'ail. Faire revenir 5 min ou jusqu'à tendreté. Incorporer les haricots, les tomates, la sauce piquante et l'assaisonnement au chili. Amener à ébullition en remuant.

2. Préparer le mélange pour pain de maïs selon les indications sur l'emballage. À la cuillère, déposer la pâte sur le mélange de légumes, en l'étalant jusqu'à ½ po (12 mm) du rebord de la poêle. Cuire au four 30 min ou jusqu'à ce que le pain de maïs soit doré et le plat, bouillonnant.

Donne 6 portions.

*Si la poignée de la poêle ne va pas au four, l'envelopper de papier aluminium.

Conseil: Salsa olé! Vous pouvez rehausser la saveur d'une salsa en y ajoutant au goût de la sauce piquante forte. Servez la salsa avec des croustilles ou encore sur des fajitas ou des tacos.

Temps de préparation: 20 min • Temps de cuisson: 35 min

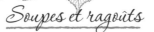

SOUPE DE LENTILLES DU MOYEN-ORIENT

2 c. à soupe (30 ml) d'huile d'olive
1 petit oignon, haché
1 poivron rouge moyen, haché
1 c. à thé (5 ml) de graines de fenouil
½ c. à thé (3 ml) de cumin moulu
¼ c. à thé (1 ml) de piment de Cayenne
4 tasses (1 l) d'eau
1 tasse (250 ml) de lentilles sèches, rincées et triées
½ c. à thé (3 ml) de sel
1 c. à soupe (15 ml) de jus de citron
½ tasse (125 ml) de yogourt nature
2 c. à soupe (30 ml) de persil frais, haché

1. Chauffer l'huile dans une grande casserole à feu moyen/fort. Ajouter l'oignon et le poivron, et faire revenir 5 min ou jusqu'à tendreté. Ajouter les graines de fenouil, le cumin et le piment de Cayenne, et faire revenir 1 min.

2. Ajouter l'eau, les lentilles et le sel. Amener à ébullition. Baisser le feu à doux. Couvrir et laisser mijoter de 25 à 30 min ou jusqu'à ce que les lentilles soient tendres. Incorporer le jus de citron.

3. Servir la soupe garnie de yogourt et parsemée de persil.

Donne 4 portions.

Bon à savoir

Les lentilles sont indispensables dans le garde-manger des végétariens. Elles cuisent rapidement, s'imprègnent facilement de différentes saveurs, et peuvent s'utiliser dans les soupes, salades, mets d'accompagnement et ragoûts. Les lentilles sont riches en vitamines A et B, et, comme les autres légumineuses, sont une bonne source de fibres.

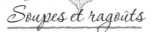
CHAUDRÉE FERMIÈRE AU CHEDDAR

1½ tasse (375 ml) de lait
1 boîte (10 oz/284 ml) de concentré de crème de champignons, non dilué
1 paquet (1 lb/450 g) de maïs, carottes et brocoli surgelés, dégelés
2 pommes de terre moyennes pour cuisson au four, coupées en cubes de ½ po
   (12 mm)
½ c. à thé (3 ml) de thym séché
¼ c. à thé (1 ml) de poivre noir
⅛ c. à thé (0,5 ml) de piment de Cayenne
½ tasse (125 ml) de pois
¼ c. à thé (1 ml) de sel
¾ tasse (175 ml) de cheddar fort, râpé grossièrement

1. Dans une grande casserole, fouetter le lait et la soupe. Amener à ébullition sur feu moyen/fort, en remuant souvent.

2. Ajouter les légumes mélangés, les pommes de terre, le thym, le poivre noir et le piment de Cayenne. Ramener à ébullition. Baisser le feu et laisser mijoter 15 min ou jusqu'à ce que les légumes soient tendres, en remuant de temps en temps.

3. Incorporer les pois et le sel. Laisser reposer 5 min. Garnir de fromage.

Donne 4 portions.

SOUPE MINESTRONE CONSISTANTE

2 boîtes (10 oz/284 ml chacune) de soupe tomate à l'italienne, non diluée
3 tasses (750 ml) d'eau
3 tasses (750 ml) de légumes cuits, tels que courgette, pois, maïs ou haricots
2 tasses (500 ml) de ditalini ou d'autres petites pâtes en tube, cuites
1⅓ tasse (325 ml) d'oignons frits à la française, en conserve

1. Dans une grande casserole, mélanger la soupe et l'eau. Ajouter les légumes et les pâtes. Amener à ébullition. Baisser le feu. Cuire jusqu'à ce que le tout soit bien chaud, en remuant souvent.

2. Mettre les oignons frits à la française dans un plat allant au micro-ondes. Mettre au micro-ondes à puissance élevée pendant 1 min ou jusqu'à ce que les oignons soient dorés.

3. Servir la soupe dans des bols individuels et parsemer d'oignons frits.

Donne 6 portions.

Temps de préparation : 10 min • Temps de cuisson : 5 min

Sandwiches et roulés

SANDWICH GRILLÉ AU FROMAGE ET À LA POMME

4 oz (115 g) de gouda râpé grossièrement
1 oz (30 g) de fromage à la crème, ramolli
2 c. à thé (10 ml) de miel
½ c. à thé (3 ml) de cannelle moulue
4 tranches de pain aux raisins secs et cannelle
1 petite pomme, évidée et tranchée finement
¼ tasse (60 ml) de lait
1 œuf battu
1 c. à soupe de beurre
Sucre en poudre

1. Dans un petit bol, mélanger le gouda, le fromage à la crème, le miel et la cannelle. Remuer jusqu'à mélange complet. Répartir également le mélange de fromage sur toutes les tranches de pain. Répartir également les tranches de pomme sur le fromage sur deux tranches de pain. Couvrir avec les deux autres tranches de pain.

2. Dans un bol peu profond, mélanger le lait et l'œuf. Remuer jusqu'à mélange complet. Tremper les sandwiches dans le mélange d'œuf, en les tournant pour bien les imprégner du mélange.

3. Faire fondre le beurre dans une grande poêle antiadhésive sur feu moyen. Ajouter les sandwiches et cuire de 4 à 5 min de chaque côté ou jusqu'à ce que le fromage fonde et que les sandwiches soient bien dorés. Saupoudrer de sucre en poudre.

Donne 2 sandwiches.

ROULÉS À LA RATATOUILLE

6 tasses (1,5 l) de légumes frais assortis*, coupés en morceaux de 1 po (2,5 cm)
3 c. à soupe (45 ml) d'huile d'olive
1 petit oignon, haché
1 pot (24 oz/700 ml) de sauce épaisse et riche pour pâtes
6 tortillas de blé
1½ tasse (375 ml) de mozzarella râpée grossièrement

*Légumes frais assortis : utiliser de l'aubergine, du poivron, de la courge jaune ou de la courgette.

1. Préchauffer le four à 400 °F (200 °C). Tapisser un moule à gâteau roulé de papier aluminium et mélanger les légumes avec 2 c. à soupe (30 ml) d'huile d'olive. Griller les légumes, en les remuant une fois, pendant 25 min ou jusqu'à ce qu'ils soient tendres.

2. Dans une poêle antiadhésive de 12 po (30 cm), chauffer la cuillerée à soupe (15 ml) d'huile d'olive restante, à feu moyen. Cuire l'oignon, en remuant de temps en temps, 4 min ou jusqu'à tendreté. Ajouter les légumes grillés et la sauce pour pâtes. Laisser mijoter, en remuant de temps en temps, 5 min ou jusqu'à ce que le mélange soit bien chaud et ait légèrement épaissi.

3. Répartir également la préparation sur les tortillas, puis saupoudrer de fromage. Rouler les tortillas.

Donne 6 portions.

Temps de préparation : 15 min • **Temps de cuisson :** 35 min

SANDWICHES GRILLÉS AUX TROIS FROMAGES

2 tranches (1 oz/30 g chacune) de munster
2 tranches (1 oz/30 g chacune) de fromage suisse
2 tranches (1 oz/30 g chacune) de cheddar
2 c. à thé (10 ml) de moutarde de Dijon ou de mayonnaise à la moutarde de Dijon
4 tranches de pain au levain
2 c. à thé (10 ml) de beurre fondu

1. Poser une tranche de chacun des fromages sur 2 tranches de pain. Tartiner la moutarde sur le fromage et couvrir avec les deux autres tranches de pain. Badigeonner l'extérieur des sandwiches avec le beurre.

2. Chauffer une grande poêle antiadhésive sur feu moyen. Ajouter les sandwiches et les presser légèrement à l'aide d'une spatule ou poser une assiette dessus. Cuire les sandwiches de 4 à 5 min de chaque côté ou jusqu'à ce que le fromage soit fondu et que les sandwiches soient bien dorés.

Donne 2 sandwiches.

BURGERS AUX HARICOTS NOIRS

2 boîtes (14 oz/398 ml chacune) de haricots noirs, rincés et égouttés (à diviser)
¾ tasse (175 ml) de chapelure sèche nature
⅔ tasse (150 ml) d'oignons verts hachés grossièrement
2 blancs d'œufs
¼ tasse (60 ml) de basilic frais, haché
2 c. à thé (10 ml) de poudre d'oignon
2 c. à thé (10 ml) d'origan séché
1 c. à thé (5 ml) de levure chimique (poudre à pâte)
1 c. à thé (5 ml) de cumin moulu
1 c. à thé (5 ml) de poivre noir
½ c. à thé (3 ml) de sel
¾ tasse (175 ml) de maïs en grains
¾ tasse (175 ml) de poivron rouge grillé, haché
6 pains à hamburger de blé entier
  Salsa (facultatif)
  Tranches d'avocats (facultatif)

1. Mettre la moitié des haricots, la chapelure, les oignons verts, les blancs d'œufs, le basilic, la poudre d'oignon, l'origan, la levure chimique, le cumin, le poivre et le sel dans le bol d'un robot culinaire. Mixer de 30 à 40 s ou jusqu'à ce que le mélange se tienne. Incorporer le reste de haricots, le maïs et le poivron rouge grillé. Laisser reposer 20 min à la température ambiante afin de permettre aux saveurs de se développer.

2. Préchauffer le four à 350 °F (180 °C). Tapisser une plaque de cuisson de papier parchemin.

3. Façonner le mélange en 6 rondelles (d'environ ½ tasse/125 ml chacune). Déposer les rondelles sur la plaque de cuisson. Cuire au four de 18 à 20 min ou jusqu'à ce que les rondelles soient fermes. Servir sur les pains, et garnir de salsa et d'avocat, si désiré.

Donne 6 burgers.

Conseil : Vous pouvez emballer les burgers et les congeler. Réchauffez-les au four, au micro-ondes ou sur le gril.

PANINI AUX ÉPINARDS ET AU POIVRON GRILLÉ

1 pain focaccia (12 oz/340 g)
1½ tasse (375 ml) de feuilles d'épinards
1 pot (7 oz/200 g) de poivrons rouges grillés, égouttés
4 oz (115 g) de fontina tranché finement
¾ tasse (175 ml) d'oignon rouge tranché finement
Huile d'olive

1. Couper la focaccia en deux horizontalement. Sur la moitié inférieure, superposer les épinards, le poivron, le fromage et l'oignon. Couvrir avec l'autre moitié de focaccia. Badigeonner légèrement l'extérieur du pain avec de l'huile et le couper en 4 morceaux.

2. Chauffer une grande poêle sur feu moyen. Ajouter les sandwiches et les presser légèrement avec une spatule ou poser une assiette dessus. Cuire 4 ou 5 min de chaque côté, ou jusqu'à ce que le fromage soit fondu et que les sandwiches soient bien dorés.

Donne 4 portions.

Note : La focaccia se trouve au rayon de la boulangerie dans la plupart des supermarchés. Elle est parfois offerte en diverses saveurs, telles que tomate, herbes, fromage ou oignon.

PANINI À LA MOZZARELLA, AU PESTO ET À LA TOMATE FRAÎCHE

8 tranches de pain de campagne italien, au levain ou autre pain de texture ferme
8 tranches de mozzarella
⅓ tasse (75 ml) de pesto du commerce
4 rondelles de tomate mûre
2 c. à soupe (30 ml) d'huile d'olive

1. Déposer 1 tranche de fromage sur 4 tranches de pain. Tartiner le pesto sur le fromage. Superposer les tomates et les autres tranches de fromage. Couvrir les sandwiches avec les 4 autres tranches de pain.

2. Badigeonner les deux côtés des sandwiches avec de l'huile d'olive. Cuire les sandwiches sur une braise d'intensité moyenne à douce ou dans une poêle à fond cannelé préchauffée sur feu moyen, de 3 à 4 min ou jusqu'à ce que le pain soit grillé et le fromage, fondu.

Donne 4 portions.

Temps de préparation : 5 min • **Temps de cuisson :** 8 min

SANDWICHES À LA SALADE AUX ŒUFS SANS ŒUFS

1 paquet (1 lb/450 g) de tofu ferme, égoutté, pressé et émietté
1 grosse branche de céleri, coupée en petits dés
2 oignons verts, hachés
2 c. à soupe (30 ml) de persil frais, haché
¼ tasse (60 ml), plus 1 c. à soupe (15 ml), de mayonnaise
3 c. à soupe (45 ml) de relish de cornichons sucrée
2 c. à thé (10 ml) de jus de citron frais pressé
1 c. à thé (5 ml) de moutarde préparée
   Poivre noir, au goût
10 tranches de pain de blé entier
1½ tasse (375 ml) de germes de luzerne
10 rondelles de tomate

1. Dans un grand bol, mélanger le tofu, le céleri, les oignons verts et le persil. Dans un petit bol, mélanger la mayonnaise, la relish, le jus de citron, la moutarde et le poivre. Incorporer le mélange de mayonnaise dans le mélange de tofu et bien mélanger.

2. Répartir la salade aux œufs sans œufs également sur 5 tranches de pain. Garnir de germes de luzerne et de rondelles de tomate, et couvrir avec les tranches de pain restantes.

Donne 5 sandwiches.

Conseil

Pourquoi presser le tofu? Il n'est pas absolument nécessaire de le faire, mais cela permet d'en extraire le surplus d'humidité, ce qui rend le tofu plus facile à préparer et lui permet de mieux absorber les saveurs. Pour presser le tofu, il faut réaliser une sorte de sandwich au tofu. Mettez-le sur une planche à découper ou une assiette tapissée de papier absorbant. Recouvrez-le d'autre papier absorbant et posez dessus un ou plusieurs objets lourds et plats. Pressez le tofu pendant 15 min ou plus. Surveillez l'humidité qui s'accumule et égouttez au besoin.

ROULÉS AUX LÉGUMES GRILLÉS FAÇON MOYEN-ORIENT

1 grosse aubergine (environ 1 lb/450 g), coupée en travers en tranches de ½ po (12 mm)
  Enduit antiadhésif en vaporisateur
12 oz (340 g) de gros champignons frais
1 poivron rouge moyen, coupé en quartiers
1 poivron vert moyen, coupé en quartiers
2 oignons verts, tranchés
¼ tasse (60 ml) de jus de citron frais pressé
⅛ c. à thé (0,5 ml) de poivre noir
4 tortillas de blé de 10 po (25 cm)
½ tasse (125 ml) de hoummos
⅓ tasse (75 ml) de coriandre fraîche un peu tassée
12 grosses feuilles de basilic frais
12 grosses feuilles de menthe

1. Préparer le gril pour cuisson directe.

2. Vaporiser légèrement l'aubergine d'enduit antiadhésif. S'ils sont petits, piquer les champignons sur des brochettes en métal.

3. Griller les poivrons, la peau vers le bas, sur une braise chaude jusqu'à ce que leur peau noircisse. Les mettre dans un sac en papier. Les laisser reposer de 5 à 10 min ou jusqu'à ce qu'ils soient suffisamment froids pour être manipulés. Gratter la peau noircie des poivrons. Griller l'aubergine et les champignons, à couvert, sur une braise d'intensité moyenne, environ 2 min de chaque côté ou jusqu'à ce que les légumes soient tendres et légèrement dorés.

4. Couper l'aubergine et les poivrons en lanières de ½ po (12 mm). Couper les champignons en quartiers. Dans un bol moyen, mélanger les légumes, les oignons verts, le jus de citron et le poivre.

5. Griller les tortillas environ 1 min ou jusqu'à ce qu'elles soient chaudes, en les tournant une fois. Déposer 2 c. à soupe (30 ml) de hoummos au centre de chaque tortilla. Garnir avec un quart de coriandre, 3 feuilles de basilic, 3 feuilles de menthe et un quart des légumes. Rouler la tortilla sur la garniture et servir immédiatement.

Donne 4 portions.

SANDWICHES À L'OIGNON ET AU HAVARTI

1½ c. à thé (8 ml) d'huile d'olive
⅓ tasse (75 ml) d'oignon rouge émincé finement
4 tranches de pain de seigle noir
6 oz (170 g) de havarti, coupé en tranches
½ tasse (125 ml) de mélange à salade de chou du commerce

1. Chauffer l'huile dans une grande poêle à feu moyen. Ajouter l'oignon et faire revenir 5 min ou jusqu'à tendreté. Garnir 2 tranches de pain avec de l'oignon, du fromage et de la salade de chou, et recouvrir avec les deux tranches de pain restantes.

2. Chauffer la même poêle sur feu moyen. Ajouter les sandwiches et les presser avec une spatule ou poser une assiette dessus. (On peut aussi faire cuire les sandwiches dans une poêle à fond cannelé.) Cuire 4 ou 5 min de chaque côté, ou jusqu'à ce que le fromage soit fondu et que les sandwiches soient dorés.

Donne 2 sandwiches.

PITAS AUX LÉGUMES GRILLÉS

1 aubergine (environ 1 lb/450 g), coupée en tranches de ½ po (12 mm) d'épaisseur
1 gros champignon portobello
1 petit poivron rouge, coupé en quartiers
1 petit poivron jaune ou vert, coupé en quartiers
2 rondelles (¼ po ou 6 mm d'épaisseur) d'un gros oignon rouge
½ tasse (125 ml) de vinaigrette italienne ou Dijon au miel (à diviser)
4 pains pitas (8 po/20 cm)
1 tasse (250 ml) de mélange de fromages italiens râpés

1. Badigeonner des deux côtés les tranches d'aubergine, le champignon, les quartiers de poivron et les rondelles d'oignon avec ⅓ tasse (75 ml) de vinaigrette. Griller les légumes sur une braise d'intensité moyenne ou en les plaçant à 4 ou 5 po (10 ou 12 cm) du gril du four, 4 ou 5 min de chaque côté, ou jusqu'à ce qu'ils soient à la fois tendres et croquants. Couper les légumes en petites bouchées. Les mélanger avec le reste de vinaigrette.

2. Couper les pains pitas en deux en travers. Les farcir avec le mélange de légumes et le fromage.

Donne 4 portions.

BURGERS AU CHAMPIGNON PORTOBELLO

2 c. à thé (10 ml) d'huile d'olive (à diviser)
¾ tasse (175 ml) d'échalotes françaises émincées finement
4 gros champignons portobello, sans le pied
   Sel et poivre noir
2 gousses d'ail, hachées
¼ tasse (60 ml) de mayonnaise
2 c. à soupe (30 ml) de basilic frais, haché, et plus pour la garniture
4 pains à hamburgers de grains entiers
4 oz (115 g) de mozzarella fraîche, coupée en tranches de ¼ po (6 mm)
2 poivrons rouges grillés en pot, épongés et coupés en lanières

1. Chauffer 1 c. à thé (5 ml) d'huile dans une casserole moyenne à feu moyen. Ajouter les échalotes et les faire revenir de 6 à 8 min ou jusqu'à ce qu'elles soient bien dorées et ramollies. Réserver.

2. Préchauffer le four en position gril.

3. Arroser les deux côtés des champignons avec la cuillerée à thé (5 ml) d'huile restante. Saler et poivrer. Mettre les champignons, le chapeau vers le bas, sur une plaque de cuisson tapissée de papier aluminium. Saupoudrer l'ail sur les champignons.

4. Griller les champignons 4 minutes de chaque côté.

5. Dans un petit bol, mélanger la mayonnaise et le basilic.

6. Pour assembler les burgers, tartiner chaque pain avec la mayonnaise au basilic. Répartir également les échalotes et les tranches de mozzarella sur la partie inférieure des pains. Recouvrir de champignons et de lanières de poivron. Garnir avec d'autre basilic.

Donne 4 burgers.

MUFFALETTA AU HOUMMOS
ET AUX LÉGUMES GRILLÉS

1 petite aubergine, coupée dans le sens de la longueur en tranches de ⅛ po (3 mm)
1 courge jaune, coupée dans le sens de la longueur en tranches de ⅛ po (3 mm)
1 petite courgette, coupée en biais en tranches de ⅛ po (3 mm)
¼ tasse (60 ml) d'huile d'olive
½ c. à thé (3 ml) de sel
¼ c. à thé (1 ml) de poivre noir
1 pain rond (8 po/20 cm), coupé en deux horizontalement
1 tasse (250 ml) de hoummos
1 pot (12 oz/340 g) de poivrons rouges grillés, égouttés
3 cœurs d'artichauts marinés, égouttés et hachés
1 petite tomate, tranchée finement

1. Préparer le gril pour cuisson directe ou préchauffer une poêle à fond cannelé. Badigeonner d'huile l'aubergine, la courge et la courgette. Saler et poivrer. Griller les légumes 2 ou 3 min de chaque côté, ou jusqu'à ce qu'ils soient tendres et dorés. Les laisser refroidir à la température ambiante.

2. Avec les doigts, retirer la mie des deux moitiés du pain, en laissant environ 1 po (2,5 cm) de pain sur les côtés et environ 1½ po (3,8 cm) au fond. (Réserver la mie pour un autre usage.) Tartiner le hoummos sur la moitié inférieure du pain. Superposer les légumes, les poivrons grillés, les artichauts et la tomate. Recouvrir avec l'autre moitié du pain. Envelopper le pain fourré dans une pellicule plastique, en le serrant bien. Mettre le pain au réfrigérateur assez longtemps avant de le trancher en pointes.

Donne 6 portions.

Plats complets

LASAGNE AUX LÉGUMES À LA POÊLE

2¾ tasses (675 ml) de bouillon de légumes
15 feuilles de lasagne type direct-au-four (sans précuisson)
1 boîte (10 oz/284 ml) de concentré de crème de champignons
    (ordinaire ou à faible teneur en gras)
1 boîte (14 oz/398 ml) de tomates en dés, non égouttées
1 paquet (10 oz/285 g) d'épinards hachés surgelés, dégelés et bien égouttés
1 tasse (250 ml) de ricotta
1 tasse (250 ml) de mozzarella râpée grossièrement

1. Amener le bouillon à ébullition dans une poêle de 12 po (30 cm) à feu moyen/fort. Casser les pâtes en morceaux et les ajouter au bouillon. Baisser le feu à doux. Cuire 3 min ou jusqu'à ce que les pâtes soient tendres.

2. Ajouter la soupe, les tomates et les épinards dans la poêle. Cuire 5 min ou jusqu'à ce que la préparation soit chaude et bouillonnante.

3. Retirer la poêle du feu. À la cuillère, déposer la ricotta sur le dessus de la lasagne et parsemer de mozzarella.

Donne 4 portions.

Temps de préparation : 10 min • **Temps de cuisson :** 15 min • **Temps total :** 25 min

Conseil : Vous pouvez remplacer la mozzarella râpée par 4 oz (115 g) de mozzarella coupée en tranches très fines.

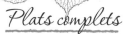

RIZ BRUN FRIT AUX LÉGUMES ASIATIQUES

2½ c. à soupe (38 ml) d'huile végétale (à diviser)
1 tasse (250 ml) de riz brun, préparé selon les indications sur l'emballage
1 paquet (14 oz/400 g) de légumes asiatiques mélangés, surgelés
1 gousse d'ail, hachée
4 œufs
½ c. à thé (5 ml) de sel
⅛ c. à thé (0,5 ml) de poivre noir
¼ tasse (60 ml) d'oignons verts hachés
2 à 3 c. à thé (10 à 15 ml) de sauce soja

1. Chauffer 1 c. à soupe (15 ml) d'huile dans une grande poêle antiadhésive à feu moyen/fort. Ajouter le riz et le faire sauter de 3 à 5 min. Transférer le riz dans un grand bol. Ajouter ½ c. à soupe (8 ml) d'huile dans la poêle. Ajouter les légumes et l'ail. Faire sauter à feu vif de 3 à 5 min ou jusqu'à ce que les légumes soient chauds et que le liquide s'évapore. Transférer les légumes dans le même bol que le riz et réserver.

2. Ajouter la cuillerée à soupe d'huile (15 ml) restante dans la poêle. Dans un petit bol, battre les œufs, le sel et le poivre. Verser le mélange dans la poêle. Brouiller les œufs délicatement sur feu moyen. Une fois les œufs pris, ajouter le mélange de riz et les oignons verts dans la poêle. Bien mélanger. Arroser légèrement de sauce soja.

Donne 4 portions.

Conseil

Le riz frit s'avère pratique pour utiliser les restes de riz. Étant plus sec et moins collant que du riz simplement cuit, le riz restant donne même de meilleurs résultats. Quand on fait cuire du riz, il est donc pratique d'en faire une grande quantité et d'en garder une partie en vue de préparer du riz frit un autre jour. On peut garder le riz cuit congelé jusqu'à trois mois. Amener le riz à la température ambiante avant de l'ajouter à l'huile dans la poêle ou le wok.

CARRÉS DE SPAGHETTI AU FROMAGE FONDU

4 œufs
¼ tasse (60 ml) de lait
1 lb (450 g) de spaghettis, cuits et égouttés
1 poivron vert, haché
1 boîte (10 oz/284 ml) de champignons tranchés, égouttés
1 petit oignon, haché
8 oz (225 g) de produit de fromage fondu, coupé en cubes de ½ po (12 mm)
½ tasse (125 ml) de parmesan râpé finement
3 tasses (750 ml) de sauce à spaghetti, réchauffée

1. Préchauffer le four à 350 °F (180 °C). Dans un grand bol, mélanger au fouet les œufs et le lait. Ajouter les spaghettis, le poivron, les champignons, l'oignon, le fromage fondu et le parmesan.

2. Transférer la préparation dans un plat à four de 13 x 9 po (33 x 23 cm) vaporisé d'enduit antiadhésif. Presser la préparation dans le plat avec le dos d'une cuillère.

3. Cuire au four de 30 à 35 min ou jusqu'à ce que le plat soit bien chaud. Découper en 8 carrés. Servir chaque carré garni d'environ ¼ tasse (60 ml) de sauce à spaghetti.

Donne 8 portions.

Variante : Préparer le plat en utilisant du fromage fondu léger et en remplaçant les 4 œufs par 1 tasse (250 ml) de produit d'œufs liquides sans cholestérol.

Temps de préparation : 15 min • Temps total : 50 min

MACARONIS MEXICAINS AU FROMAGE

1 pot (14 oz/410 ml) de sauce Alfredo
1½ tasse (375 ml) d'eau
1 pot (4 oz/120 ml) de piments jalapeños tranchés, égouttés puis hachés
1 tasse (250 ml) de tomates fraîches hachées
1 tasse (250 ml) de monterey jack râpé grossièrement (à diviser)
8 oz (225 g) de macaronis en coude, non cuits

1. Préchauffer le four à 400 °F (200 °C).

2. Dans un grand bol, mélanger la sauce, l'eau, les piments, les tomates et ½ tasse (125 ml) de fromage. Ajouter les macaronis et mélanger.

3. Dans un plat de 2 l allant au four, déposer le mélange de macaronis, puis couvrir le plat hermétiquement avec un papier aluminium. Cuire au four 45 min. Retirer le papier aluminium et parsemer la demi-tasse (125 ml) de fromage restante. Cuire au four à découvert 5 min de plus. Laisser reposer 5 min avant de servir.

Donne 8 portions.

Temps de préparation : 5 min • **Temps de cuisson :** 50 min

PIZZA PRIMAVERA

¾ tasse (175 ml) de sauce à pizza
1 croûte à pizza de 10 po (25 cm) précuite
1 poivron rouge moyen, tranché finement
1 tasse (250 ml) de courgettes tranchées
½ tasse (125 ml) d'oignon rouge haché
1 tasse (250 ml) de mozzarella râpée grossièrement

1. Préchauffer le four à 450 °F (230 °C). Étaler uniformément la sauce sur la croûte à pizza, puis garnir avec le reste des ingrédients. Cuire au four 12 min ou jusqu'à ce que le fromage soit fondu.

Donne 4 portions.

NOUILLES ASIATIQUES AUX LÉGUMES, SAUCE À L'ARACHIDE

9 oz (255 g) de nouilles udon non cuites ou 4 oz (115 g) de spaghettis de blé entier non cuits
1 c. à soupe (15 ml) d'huile végétale
2 tasses (500 ml) de pois mange-tout, coupés en bouchées
1 tasse (250 ml) de carottes râpées*
¼ tasse (60 ml) d'eau chaude
¼ tasse (60 ml) de beurre d'arachide
¼ tasse (60 ml) d'oignons verts hachés
2 à 4 c. à soupe (30 à 60 ml) de sauce chili à l'ail
1 c. à soupe (15 ml) de sauce soja
¼ tasse (60 ml) d'arachides rôties à sec

*Pour gagner du temps, on peut utiliser des carottes râpées en paquet.

1. Cuire les nouilles selon les indications sur l'emballage. Les égoutter et les maintenir au chaud.

2. Chauffer l'huile dans une grande poêle à feu moyen/fort. Ajouter les pois mange-tout et les carottes, et faire sauter 2 min. Retirer du feu.

3. Mettre l'eau, le beurre d'arachide, les oignons verts, la sauce chili et la sauce soja dans la poêle. Bien mélanger. Incorporer les nouilles et mélanger pour bien les enrober. Parsemer d'arachides. Servir chaud ou à la température ambiante.

Donne 4 portions.

Bon à savoir

Une visite dans une épicerie asiatique étonne par le choix incroyable de nouilles qu'on y trouve. Les nouilles udon sont des nouilles de blé japonaises ayant un aspect et un goût semblables aux spaghettis. On peut les acheter fraîches ou sèches, et elles sont servies traditionnellement chaudes en hiver et froides en saison chaude. En Chine, des nouilles de farine de blé similaires sont appelées nouilles chow mein.

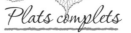

RAVIOLIS FACILES À LA POÊLE

1 paquet (25 oz/700 g) de raviolis au fromage, surgelés
2 ¼ tasses (560 ml) d'eau
½ c. à thé (3 ml) de sel
1 pot (24 oz/700 ml) de sauce épaisse et riche pour pâtes
¼ tasse (60 ml) de crème épaisse, de mélange moitié lait moitié crème, de lait concentré non sucré, de lait ou de succédané de crème (facultatif)

1. Dans une poêle antiadhésive de 12 po (30 cm), mettre les raviolis, l'eau et le sel, et amener à ébullition à feu fort. Maintenir l'ébullition, en remuant délicatement pour séparer les raviolis, 5 min.

2. Incorporer la sauce pour pâtes. Cuire à couvert à feu moyen, en remuant de temps en temps, 10 min ou jusqu'à ce que les raviolis soient tendres. Incorporer la crème et bien réchauffer. Si désiré, garnir de parmesan râpé.

Donne 6 portions.

Temps de préparation : 5 min • **Temps de cuisson :** 20 min

JAMBALAYA VÉGÉTARIEN

1 c. à soupe (15 ml) d'huile végétale
½ tasse (125 ml) de poivron vert ou rouge, coupé en dés
1 boîte (14 oz/398 ml) de tomates en dés avec piments rouges
1 paquet (12 oz/340 g) de mélange sans viande hachée mexicain, émietté
1 paquet (9 oz/255 g) de riz prêt-à-servir
2 c. à soupe (30 ml) d'eau

1. Chauffer l'huile dans une grande poêle à feu moyen/fort. Ajouter le poivron et le faire revenir 3 min.

2. Ajouter les tomates, le mélange sans viande et le riz. Bien mélanger. Incorporer l'eau et cuire 5 min ou jusqu'à ce que la préparation soit bien chaude.

Donne 4 portions.

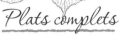

TACOS AUX LÉGUMES GRILLÉS

   Huile d'olive en vaporisateur
1 tasse (250 ml) de champignons frais, tranchés
1 oignon moyen, coupé en quartiers
1 poivron rouge moyen, coupé en 8 dans le sens de la longueur
1 courgette moyenne, coupée en rondelles de ¼ po (6 mm)
1 sachet (1,25 oz/35 g) de mélange d'assaisonnement à taco
½ c. à thé (3 ml) de sel
¼ c. à thé (1 ml) de flocons de piment rouge
1 tasse (250 ml) de cheddar ou de monterey jack, râpé grossièrement
12 coquilles à tacos
¾ tasse (175 ml) de salsa, n'importe quelle sorte
   Coriandre fraîche hachée (facultatif)

1. Préchauffer le four à 425 °F (220 °C). Vaporiser un moule à gâteau roulé de 15½ x 10 ½ x 1 po (40 x 27 x 2,5 cm) d'huile d'olive.

2. Étaler les champignons, l'oignon, le poivron rouge et la courgette en une seule couche dans le moule. Les vaporiser d'huile d'olive. Saupoudrer le mélange d'assaisonnement, le sel et le piment. Cuire au four, à découvert, de 20 à 25 min ou jusqu'à ce que les légumes soient tendres, en les tournant une fois.

3. Saupoudrer le fromage dans les coquilles à tacos. Garnir avec le mélange de légumes et la salsa. Parsemer de coriandre, si désiré.

Donne 6 portions.

Note : On peut faire griller d'autres légumes, tels qu'aubergine, pommes de terre ou courge d'été jaune.

Temps de préparation : 15 min • **Temps total :** 40 min

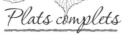
RAGOÛT AU PAIN, À LA TOMATE ET AU PESTO

Enduit antiadhésif en vaporisateur
2 boîtes (10 oz/284 ml chacune) de soupe tomate non diluée
1½ tasse (375 ml) de lait
3 œufs
¾ tasse (175 ml) de pesto du commerce
8 tranches de pain blanc
2 tasses (500 ml) de mélange de fromages italiens râpés

1. Vaporiser un plat de 3 l peu profond allant au four d'enduit antiadhésif. Dans un bol moyen, mélanger à la fourchette la soupe, le lait et les œufs. À la cuillère, transférer ½ tasse (125 ml) de mélange de soupe dans le plat préparé.

2. Tartiner environ 1 c. à soupe (15 ml) de pesto sur chaque tranche de pain. Déposer 4 tranches de pain dans le plat. Recouvrir de ½ tasse (125 ml) de fromage. Verser environ la moitié du mélange de soupe sur le pain et le fromage. Répéter les couches avec les tranches de pain restantes, ½ tasse (125 ml) de fromage et le reste de mélange de soupe, en veillant à ce que le pain soit bien nappé du mélange de soupe.

3. Cuire au four à 350 ºF (180 ºC) pendant 40 min ou jusqu'à ce que le centre soit pris. Saupoudrer du reste de fromage. Laisser reposer 5 min ou jusqu'à ce que le fromage soit fondu.

Donne 8 portions.

Temps de préparation : 10 min • Temps de cuisson au four : 40 min
• Temps de repos : 5 min

Pâtes express

FETTUCCINE SAUCE CRÉMEUSE
AUX ASPERGES ET HARICOTS DE LIMA

- 8 oz (225 g) de fettuccine non cuites
- 2 c. à soupe (30 ml) de beurre
- 2 tasses (500 ml) de morceaux d'asperges fraîches (environ 1 po/2,5 cm de long)
- 1 paquet (10 oz/285 g) de haricots de Lima surgelés, dégelés
- ¼ c. à thé (1 ml) de poivre noir
- ½ tasse (125 ml) de bouillon de légumes
- 1 tasse (250 ml) de crème 10 % ou de crème à fouetter
- 1 tasse (250 ml) de parmesan râpé finement

1. Cuire les fettuccine selon les indications sur l'emballage. Bien les égoutter, les couvrir et les maintenir au chaud.

2. Pendant ce temps, faire fondre le beurre dans une grande poêle à feu moyen/fort. Ajouter les asperges, les haricots de Lima et le poivre. Faire revenir 3 min. Ajouter le bouillon et laisser mijoter 3 min. Ajouter la crème et laisser mijoter de 3 à 4 min ou jusqu'à ce que les légumes soient tendres.

3. Mettre le mélange de légumes et le fromage dans les fettuccine et bien mélanger. Servir immédiatement.

Donne 4 portions.

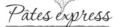
PÂTES À LA TOSCANE AUX HARICOTS BLANCS ET AUX OLIVES KALAMATA

- 2 c. à soupe (30 ml) d'huile d'olive
- 1 gousse d'ail, hachée
- ½ c. à thé (3 ml) de sel
- ⅛ c. à thé (0,5 ml) de flocons de piment rouge
- 8 oz (225 g) de rotinis non cuits
- 1 boîte (14 oz/398 ml) de petits haricots blancs (navy)
- 1 boîte (14 oz/398 ml) de tomates en dés
- ½ tasse (125 ml) d'olives Kalamata dénoyautées
- ½ tasse (125 ml) de feuilles d'épinards tassées
- ¼ tasse (60 ml) de pignons, grillés*
- 2 c. à soupe (30 ml) de basilic frais, haché
- 2 oz (60 g) de feta émiettée au poivre**

*Pour griller les pignons, les étaler en une seule couche dans une poêle à fond épais. Les faire sauter sur feu moyen de 1 à 2 min ou jusqu'à ce qu'ils soient légèrement dorés. Les retirer de la poêle immédiatement.

**Si on ne trouve pas de feta au poivre, utiliser de la feta nature et assaisonner les pâtes avec ¼ c. à thé (1 ml) de poivre noir.

1. Dans un petit bol, mélanger l'huile, l'ail, le sel et les flocons de piment rouge. Réserver.

2. Cuire les pâtes selon les indications sur l'emballage. Pendant ce temps, égoutter les haricots et les tomates dans une passoire. Verser les pâtes et leur eau de cuisson sur les haricots et les tomates. Bien égoutter, puis transférer dans un grand bol. Ajouter le mélange d'ail, les olives, les épinards, les pignons et le basilic. Remuer délicatement pour bien mélanger. Garnir de feta.

Donne 4 portions.

GNOCCHIS AUX ÉPINARDS ET À LA RICOTTA

1 lb (450 g) de gnocchis surgelés
2 tasses (500 ml) de feuilles d'épinards surgelées, dégelées et bien égouttées
1½ tasse (375 ml) de sauce pour pâtes avec assaisonnements italiens
¼ tasse (60 ml) de romano râpé finement
½ tasse (125 ml) de ricotta
1 tasse (250 ml) de mozzarella râpée grossièrement

1. Dans une grande marmite, préparer les gnocchis selon les indications sur l'emballage. Ajouter les épinards durant les 3 dernières minutes de cuisson. Bien égoutter le mélange de pâtes dans une passoire. Remettre le mélange de gnocchis dans la marmite.

2. Ajouter la sauce, le romano et la ricotta dans la marmite. Cuire à feu moyen jusqu'à ce que la préparation soit chaude et bouillonnante, en remuant de temps en temps. Garnir de mozzarella.

Donne 6 portions.

Temps de préparation : 5 min • Temps de cuisson : 25 min • Temps total : 30 min

COQUILLES AU GORGONZOLA

1 lb (450 g) de coquilles moyennes, non cuites
1 pot (24 oz/700 ml) de sauce pour pâtes à la vodka
1 paquet (4 oz/115 g) de gorgonzola émietté

1. Cuire les pâtes selon les indications sur l'emballage. Bien les égoutter.

2. Pendant ce temps, réchauffer la sauce dans une casserole moyenne à feu moyen.

3. Bien mélanger la sauce et les pâtes. Incorporer le fromage juste avant de servir.

Donne 4 à 6 portions.

Variante : Ajouter 2 tasses d'épinards déchiquetés et tassés aux pâtes égouttées chaudes. Incorporer la sauce chaude dans les pâtes et les épinards. Incorporer le fromage et parsemer de romarin frais, haché, juste avant de servir.

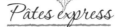
PÂTES SAUCE CRÉMEUSE À LA VODKA

8 oz (225 g) de campanelle ou de farfalle non cuites
1 c. à soupe (15 ml) de beurre
3 tomates italiennes, épépinées et hachées
2 gousses d'ail, hachées
3 c. à soupe (45 ml) de vodka
½ tasse (125 ml) de crème à fouetter
¼ c. à thé (1 ml) de sel
¼ c. à thé (1 ml) de flocons de piment rouge
⅓ tasse (75 ml) de parmesan râpé finement
2 c. à soupe (30 ml) de ciboulette fraîche ciselée

1. Cuire les pâtes selon les indications sur l'emballage. Les égoutter, les couvrir et les maintenir au chaud dans la casserole.

2. Faire fondre le beurre dans une grande poêle à feu moyen. Ajouter les tomates et l'ail et cuire 3 min, en remuant souvent. Ajouter la vodka et laisser mijoter 2 min ou jusqu'à ce que liquide se soit presque entièrement évaporé.

3. Incorporer la crème, le sel et les flocons de piment rouge. Laisser mijoter 2 ou 3 min ou jusqu'à léger épaississement. Retirer du feu et laisser reposer 2 min. Incorporer le parmesan et mélanger jusqu'à ce qu'il soit fondu.

4. Ajouter la sauce et la ciboulette dans les pâtes. Mélanger jusqu'à ce que les pâtes soient bien enrobées. Servir immédiatement.

Donne 4 portions.

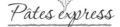

PÂTES AUX ÉPINARDS ET À LA RICOTTA

8 oz (225 g) de rotinis tricolores non cuits
   Enduit antiadhésif en vaporisateur
1 paquet (10 oz/285 g) d'épinards hachés surgelés, dégelés et essorés
2 c. à thé (10 ml) d'ail haché
1 tasse (250 ml) de ricotta
3 c. à soupe (45 ml) de parmesan râpé finement (à diviser)
½ tasse (125 ml) d'eau
   Sel et poivre noir

1. Cuire les pâtes selon les indications sur l'emballage. Bien les égoutter, les couvrir et les maintenir au chaud.

2. Vaporiser une grande poêle d'enduit antiadhésif et la chauffer à feu moyen/fort. Ajouter les épinards et l'ail, et faire revenir 5 min. Incorporer la ricotta, la moitié du parmesan et l'eau. Saler et poivrer.

3. Ajouter les pâtes dans la poêle et bien mélanger pour les enrober de sauce. Saupoudrer le reste de parmesan.

Donne 4 portions.

FETTUCCINE PIQUANTES

½ tasse (125 ml) de sauce piquante
½ tasse (125 ml) de crème sure
⅓ tasse (75 ml) de parmesan râpé finement
8 oz (225 g) de fettuccine, cuites et égouttées
2 c. à soupe (30 ml) de feuilles de coriandre fraîche, hachées

1. Chauffer la sauce piquante, la crème sure et le fromage dans une casserole à feu moyen, jusqu'à ce que la préparation soit bouillonnante.

2. Mettre les fettuccine et la coriandre dans un grand bol de service. Ajouter le mélange de sauce piquante et bien mélanger. Servir avec d'autre sauce piquante.

Donne 4 portions.

Conseil: Dans cette recette, on peut utiliser de la sauce piquante plus ou moins forte, selon le goût de chacun.

Temps de préparation: 15 min • **Temps de cuisson:** 5 min

PÂTES PRIMAVERA

      8 oz (225 g) de linguine non cuites
      1 c. à soupe (15 ml) de beurre
      2 oignons verts, tranchés en biais
      1 gousse d'ail, hachée
      1 tasse (250 ml) de champignons tranchés
      1 tasse (250 ml) de fleurons de brocoli
  2½ tasses (625 ml) de pois mange-tout
      8 asperges, coupées en morceaux de 2 po (5 cm)
      1 poivron rouge, coupé en fines lanières
      ½ tasse (125 ml) de lait concentré non sucré
      ½ c. à thé (3 ml) d'estragon séché
      ½ c. à thé (3 ml) de poivre noir
      ⅓ tasse (75 ml) de parmesan râpé finement

1. Cuire les linguine selon les indications sur l'emballage. Les égoutter et les maintenir au chaud.

2. Pendant ce temps, faire fondre le beurre dans une grande poêle antiadhésive à feu moyen. Ajouter les oignons verts et l'ail, et les faire ramollir. Ajouter les champignons et le brocoli. Couvrir et cuire 3 min ou jusqu'à ce que les légumes soient tendres. Ajouter les pois mange-tout, les asperges, le poivron, le lait, l'estragon et le poivre noir. Cuire en remuant souvent, jusqu'à ce que les légumes soient à la fois tendres et croquants.

3. Ajouter les linguine et le fromage, et bien mélanger.

Donne 4 portions.

Bon à savoir

Les pâtes primavera célèbrent en Italie les premiers légumes du printemps. À son gré, on peut inclure n'importe quel produit frais dans la préparation de ce plat. Pois frais, épinards ou cœurs d'artichaut conviendraient parfaitement et seraient également délicieux.

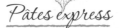

ROTINIS AUX ÉPINARDS, HARICOTS BLANCS ET ROMANO

8 oz (225 g) de rotinis de blé entier ou multigrains, non cuits
8 tasses (2 l) d'épinards équeutés et déchiquetés
1 boîte (14 oz/398 ml) de haricots blancs cannellini ou Great Northern,
    rincés et égouttés
½ tasse (125 ml) de romano râpé finement ou grossièrement
2 c. à soupe (30 ml) d'huile d'olive extra vierge
2 gousses d'ail, hachées
¼ c. à thé (1 ml) de sel
¼ c. à thé (1 ml) de poivre noir

1. Cuire les pâtes selon les indications sur l'emballage. Les égoutter. Dans un grand bol, mettre les pâtes avec les épinards, les haricots, le fromage, l'huile, l'ail, le sel et le poivre. Bien mélanger.

Donne 4 portions.

Note : La chaleur des pâtes cuites fera un peu flétrir les épinards. Si l'on préfère, on peut cuire les épinards à la vapeur avant de les ajouter aux pâtes avec les autres ingrédients.

PÂTES POUR LES AMATEURS D'OLIVES

1 pot (24 oz/700 ml) de sauce pour pâtes épicée au piment rouge
12 oz (340 g) de torsades tricolores, cuites et égouttées
1 tasse (250 ml) d'olives dénoyautées assorties, tranchées
2 c. à soupe (30 ml) de parmesan râpé finement

1. Dans une casserole moyenne, réchauffer la sauce pour pâtes à feu moyen/doux.

2. Pour servir, mélanger les pâtes chaudes avec la sauce et les olives, puis parsemer de fromage.

Donne 6 portions.

Temps de préparation : 20 min • Temps de cuisson : 5 min

LINGUINE AUX HERBES, TOMATES ET CÂPRES

9 oz (255 g) de linguine fraîches
2 c. à soupe (30 ml) d'huile d'olive
2 gousses d'ail, hachées
2 tasses (500 ml) de tomates hachées
¼ tasse (60 ml) d'oignons verts hachés finement
3 c. à soupe (45 ml) de câpres, égouttées
2 c. à soupe (30 ml) de basilic frais, haché finement
¼ c. à thé (1 ml) de sel
⅛ c. à thé (0,5 ml) de poivre noir
½ tasse (125 ml) de parmesan râpé grossièrement

1. Cuire les linguine selon les indications sur l'emballage. Les égoutter et les maintenir au chaud.

2. Pendant ce temps, chauffer l'huile dans une grande poêle à feu moyen/fort. Ajouter l'ail et les tomates. Faire revenir 3 min ou jusqu'à ce que les tomates commencent à ramollir, en remuant souvent. Incorporer les oignons verts, les câpres, le basilic, le sel et le poivre.

3. Ajouter les linguine dans la poêle et remuer pour les enrober du mélange de tomate. Saupoudrer de fromage.

Donne 4 portions.

Bon à savoir

Les câpres sont les boutons floraux d'un arbuste méditerranéen. Elles sont vendues conservées dans la saumure, au rayon des condiments du supermarché. Les plus petites, généralement importées de France, sont réputées les meilleures. On peut rincer les câpres sous l'eau froide pour éliminer le surplus de sel.

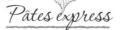

MACARONIS AU FROMAGE ET AU BROCOLI

2 tasses (8 oz/225 g) de macaronis en coude, non cuits
3 tasses (750 ml) de fleurons de brocoli
1 c. à soupe (15 ml) de beurre
1 c. à soupe (15 ml) de farine tout usage
½ c. à thé (3 ml) de sel
⅛ c. à thé (0,5 ml) de poivre noir
1¾ tasse (425 ml) de lait
1½ tasse (375 ml) de cheddar fort, râpé grossièrement

1. Cuire les pâtes selon les indications sur l'emballage, en ajoutant le brocoli durant les 5 dernières minutes de cuisson. Égoutter les pâtes et le brocoli, puis les remettre dans la casserole.

2. Pendant ce temps, faire fondre le beurre dans une petite casserole à feu moyen. Ajouter la farine, le sel et le poivre, et faire revenir 1 min. Incorporer le lait et amener à ébullition à feu moyen/fort, en remuant constamment. Baisser le feu et laisser mijoter 2 min. Retirer du feu et incorporer graduellement le fromage jusqu'à ce qu'il soit fondu.

3. Verser la sauce sur les pâtes et le brocoli, et bien mélanger.

Donne 4 à 6 portions.

FETTUCINE SAUCE TOMATE ÉPAISSE ET FETA

1 pot (24 oz/700 ml) de sauce épaisse et riche pour pâtes
12 oz (340 g) de fettuccine, cuites et égouttées
8 oz (225 g) de feta émiettée (environ 2 tasses/500 ml)
1 c. à soupe (15 ml) de persil frais, haché finement
Pincée de flocons de piment rouge

1. Dans une casserole de 2 l, chauffer la sauce pour pâtes à feu doux, en remuant de temps en temps, jusqu'à ce qu'elle soit bien chaude. À la cuillère, verser la sauce sur les fettuccine chaudes, puis parsemer de fromage, de persil et de flocons de piment rouge.

Donne 6 portions.

Mets légers

POLENTA RISSOLÉE, SALSA DE TOMATES ET HARICOTS BLANCS

2½ tasses (625 ml) de tomates italiennes hachées

1 tasse (250 ml) de haricots blancs en conserve, rincés et égouttés

¼ tasse (60 ml) de basilic frais, haché, et plus pour la garniture

½ c. à thé (3 ml) de sel

½ c. à thé (3 ml) de poivre noir

2 c. à soupe (30 ml) d'huile d'olive

1 rouleau (1 lb/450 g) de polenta du commerce, coupé en tranches de ¼ po (6 mm)

¼ tasse (60 ml) de parmesan râpé finement

1. Dans un bol moyen, mettre les tomates, les haricots, le basilic, le sel et le poivre. Remuer jusqu'à ce que ce soit mélangé, sans plus. Laisser reposer à la température ambiante.

2. Chauffer 1 c. à soupe (15 ml) d'huile dans une poêle antiadhésive moyenne à feu moyen/fort. Ajouter la moitié des tranches de polenta dans la poêle. Cuire 4 min ou jusqu'à ce que la polenta soit bien dorée des deux côtés, en la retournant une fois. Retirer la polenta de la poêle. Répéter avec le reste d'huile et de tranches de polenta.

3. Disposer la polenta sur un plat de service. Garnir de salsa de tomates et haricots. Saupoudrer de fromage et décorer de basilic.

Donne 4 portions.

SANDWICHES À LA POIRE ET AU GORGONZOLA FONDANT

4 oz (115 g) de gorgonzola crémeux (ne pas utiliser de fromage bleu émietté)
8 tranches de pain aux raisins secs et noix de Grenoble
2 poires, évidées et tranchées
½ tasse (125 ml) de feuilles d'épinards
Beurre fondu

1. Tartiner également le fromage sur 4 tranches de pain, et superposer les poires et les épinards. Couvrir avec les autres tranches de pain. Badigeonner l'extérieur des sandwiches avec le beurre fondu.

2. Chauffer une grande poêle antiadhésive à feu moyen. Ajouter les sandwiches et cuire 5 min de chaque côté ou jusqu'à ce que le fromage soit fondu et que les sandwiches soient bien dorés.

Donne 4 sandwiches.

SALADE MEXICAINE AUX HARICOTS NOIRS

1 boîte (14 oz/398 ml) de haricots noirs, rincés et égouttés
1 tasse (250 ml) de maïs en grains
6 oz (170 g) de poivron rouge grillé, haché grossièrement
½ tasse (125 ml) d'oignon rouge ou jaune, haché
⅓ tasse (75 ml) de salsa
2 c. à soupe (30 ml) de vinaigre de cidre
2 oz (60 g) de mozzarella coupée en cubes de ¼ po (6 mm)
Coriandre fraîche hachée (facultatif)

1. Mettre les haricots, le maïs, le poivron, l'oignon, la salsa et le vinaigre dans un bol moyen. Remuer délicatement pour bien mélanger. Laisser reposer 15 min pour permettre aux saveurs de se mêler.

2. Juste avant de servir, incorporer délicatement le fromage. Décorer de coriandre.

Donne 6 portions.

Mets légers

FRITTATA AUX HARICOTS DE SOJA

2 c. à soupe (30 ml) d'huile d'olive
½ tasse (125 ml) de haricots de soja (edamame) écossés, surgelés
⅓ tasse (75 ml) de maïs en grains surgelés
¼ tasse (60 ml) d'échalote française hachée (1 échalote)
5 œufs
¾ c. à thé (4 ml) de mélanges d'herbes italiennes fraîchement moulues
    ou d'épices italiennes
½ c. à thé (3 ml) de sel
½ c. à thé (3 ml) de poivre noir
¼ tasse (60 ml) d'oignons verts
½ tasse (125 ml) de fromage de chèvre émietté

1. Préchauffer le four en position gril. Chauffer l'huile dans une grande poêle supportant la cuisson au gril, à feu moyen/fort. Ajouter les haricots de soja, le maïs et l'échalote. Faire revenir de 6 à 8 min ou jusqu'à ce que l'échalote soit dorée et que les haricots de soja soient chauds.

2. Entre-temps, battre les œufs, l'assaisonnement, le sel et le poivre dans un bol moyen. Incorporer les oignons verts. Verser le mélange d'œufs sur les légumes dans la poêle. Parsemer de fromage. Cuire à feu moyen de 5 à 7 min ou jusqu'à ce que le dessous des œufs soit pris, en soulevant les bords de la frittata pour permettre à la partie non cuite de couler en dessous.

3. Griller la frittata à 6 po (15 cm) du gril, environ 1 min ou jusqu'à ce que le dessus soit soufflé et doré. À l'aide d'une spatule, détacher la frittata de la poêle et la glisser sur un petit plat. Couper en pointes et servir.

Donne 4 portions.

SALADE PANZANELLA AUX RAVIOLIS

9 oz (255 g) de raviolis ou de tortellinis au fromage, frais
2 c. à soupe (30 ml) d'huile d'olive
2 c. à thé (10 ml) de vinaigre de vin blanc
⅛ c. à thé (0,5 ml) de poivre noir
1 tasse (250 ml) de tomates sur vigne, coupées en deux, ou 1 tomate, hachée
½ tasse (125 ml) d'olives farcies au piment, tranchées
¼ tasse (60 ml) de céleri haché finement
1 échalote française hachée finement ou ¼ tasse (60 ml) d'oignon rouge
    haché finement
¼ tasse (60 ml) de persil italien frais, haché

1. Cuire les raviolis selon les indications sur l'emballage et bien les égoutter. Les transférer dans un bol de service et les laisser refroidir.

2. Dans un petit bol, bien fouetter l'huile, le vinaigre et le poivre. Verser la vinaigrette sur les raviolis. Ajouter les tomates, les olives, le céleri et l'échalote, et mélanger délicatement. Parsemer de persil.

Donne 4 portions.

Note : La panzanella est une salade italienne classique, mariant une vinaigrette acidulée à des légumes hachés et à des cubes de pain. Elle s'avère un moyen délicieux d'utiliser du pain légèrement rassis. Dans la présente recette, les raviolis remplacent le pain et offrent une variante savoureuse.

SALADE SUCRÉE DE LÉGUMES MARINÉS
À L'ITALIENNE

½ boîte (14 oz/398 ml) de cœurs d'artichaut en quartiers, égouttés
5 oz (140 g) de tomates sur vigne ou de tomates cerises, coupées en deux
½ tasse (125 ml) de poivron vert haché
¼ tasse (60 ml) d'oignon rouge haché finement
2 oz (60 g) de mozzarella, coupée en cubes de ¼ po (6 mm)
2 c. à soupe (30 ml) de vinaigre de vin blanc ou de vinaigre de riz
1 c. à soupe (15 ml) d'origan frais, haché, ou 1 c. à thé d'origan séché
2 c. à thé (10 ml) de sucre
⅛ c. à thé (0,5 ml) de sel
⅛ c. à thé (0,5 ml) de flocons de piment rouge

1. Mettre tous les ingrédients dans un bol moyen et bien mélanger. Servir immédiatement ou réfrigérer pendant 1 h pour permettre aux saveurs de se mêler.

Donne 4 portions.

ROULÉS AUX LÉGUMES À LA TOSCANE

  2 c. à thé (10 ml) d'huile d'olive
  1 gros oignon, tranché finement
  2 poivrons rouges ou verts, tranchés finement
  1 paquet (8 oz/225 g) de champignons tranchés
1½ tasse (375 ml) de sauce pour pâtes
 ⅛ c. à thé (0,5 ml) de poivre noir
  1 paquet (12 oz/340 g) de tortillas de blé, réchauffées
  2 c. à soupe (30 ml) de parmesan râpé finement

1. Dans une poêle antiadhésive de 12 po (30 cm), chauffer l'huile à feu moyen/fort. Faire revenir l'oignon, les poivrons et les champignons, en remuant de temps en temps, pendant 10 min ou jusqu'à ce que les légumes soient tendres. Incorporer la sauce pour pâtes et le poivre noir.

2. Amener à ébullition sur feu fort. Baisser le feu à doux et laisser mijoter pendant 5 min.

3. Mettre environ ⅓ tasse (75 ml) de mélange de légumes sur chaque tortilla, parsemer de fromage et rouler la tortilla. Pour servir, disposer les roulés, le joint vers le bas, sur un plat de service et garnir du reste de mélange de légumes.

Donne 6 portions.

Temps de préparation : 10 min • Temps de cuisson : 20 min

Bon à savoir

Le parmesan est le fromage râpé sec le plus couramment utilisé dans les recettes italiennes. Il existe beaucoup d'autres fromages secs moins connus. Pour faire changement et découvrir une saveur acidulée, on peut remplacer le parmesan par du romano ou de l'asiago, râpé finement.

TOFU SAUCE BARBECUE

1 paquet (1 lb oz/450 ml) de tofu ferme
2 tasses (500 ml) de sauce barbecue
4 à 6 tranches de pain blanc, tranché épais
  Salade de chou

1. Mettre le tofu sur une assiette tapissée de papier absorbant et le couvrir d'un autre papier absorbant. Poser une casserole lourde ou un plat lourd sur le tofu. Laisser le tofu reposer 15 min pour qu'il perde son eau. Couper le tofu en 8 tranches égales.

2. Étaler la moitié de la sauce barbecue dans une grande casserole. Disposer les tranches de tofu sur la sauce en une seule couche. Recouvrir avec le reste de sauce. Couvrir et cuire à feu moyen environ 10 min ou jusqu'à ce que le tofu soit chaud, en le tournant délicatement au bout de 5 min.

3. Déposer le tofu sur le pain. Napper de sauce et servir avec la salade de chou.

Donne 4 à 6 portions.

CROQUETTES DE FALAFEL
ET RELISH DE CONCOMBRE

2 paquets (6 oz/170 g chacun) de mélange à falafel (2½ tasses ou 625 ml)
½ tasse (125 ml) de millet
2⅔ tasses (650 ml) d'eau froide
2 c. à soupe (30 ml) d'huile d'olive
1 tasse (250 ml) de concombre, épépiné et haché
1 tasse (250 ml) de tomate fraîche hachée
1 tasse (250 ml) de yogourt nature
3 c. à soupe (45 ml) de menthe fraîche hachée

1. Pour les croquettes de falafel, mélanger le mélange à falafel et le millet dans un grand bol. Incorporer l'eau et laisser reposer 10 min. Façonner la préparation en 12 croquettes (½ po ou 12 mm d'épaisseur).

2. Chauffer 1 c. à soupe d'huile dans une grande poêle antiadhésive à feu moyen. Ajouter 6 croquettes et les cuire 5 à 6 min, ou jusqu'à ce qu'elles soient dorées, en les tournant une fois. Les retirer de la poêle et les maintenir au chaud. Répéter avec le reste d'huile et de croquettes.

3. Pour la relish, mélanger le concombre, la tomate, le yogourt et la menthe dans un petit bol. Servir les croquettes de falafel accompagnées de relish.

Donne 6 portions.

MIGAS DU PETIT-DÉJEUNER

1 c. à soupe (15 ml) d'huile d'olive
1 petit oignon, haché
1 piment jalapeño*, épépiné et coupé en dés
3 tortillas de maïs, coupées en morceaux de 1 po (2,5 cm)
1 tomate moyenne, épépinée et coupée en dés
6 œufs
2 c. à soupe (30 ml) de salsa avec gros morceaux
1 tasse (250 ml) de monterey jack râpé grossièrement
1 petit avocat mûr, coupé en dés
1 c. à soupe (15 ml) de jus de lime
　Crème sure
　Coriandre fraîche hachée

*Les piments jalapeños peuvent piquer et irriter la peau. Il est donc conseillé de porter des gants en caoutchouc quand on les manipule et de ne pas se toucher les yeux.

1. Chauffer l'huile dans une poêle antiadhésive de 12 po (30 cm) à feu moyen. Ajouter l'oignon et le jalapeño, et les faire revenir 1 min ou jusqu'à tendreté.

2. Ajouter les tortillas et la tomate. Cuire environ 2 min ou jusqu'à ce qu'ils aient ramolli et que la préparation soit bien chaude.

3. Dans un petit bol, battre ensemble les œufs et la salsa. Verser le mélange dans la poêle. Cuire, en remuant de temps en temps, jusqu'à ce que les œufs soient brouillés.

4. Retirer la poêle du feu et incorporer le fromage. Servir avec l'avocat assaisonné de jus de lime, de crème sure et de coriandre.

Donne 6 portions.

Note : Les migas, un mets du petit-déjeuner mexicain, sont traditionnellement préparées avec des restes de tortillas rassises, que l'on déchire en petits morceaux à la main.

Mets légers

SALADE REPAS MÉDITERRANÉENNE

1⅓ tasse (325 ml) d'eau
⅔ tasse (150 ml) d'orge perlé à cuisson rapide, non cuit
1 boîte (14 oz/398 ml) de cœurs d'artichaut en quartiers,
  égouttés et hachés grossièrement
2 tomates moyennes, épépinées et hachées
¼ tasse (60 ml) de persil frais, haché
1 c. à soupe (15 ml) d'épices grecques
1 c. à thé (5 ml) de zeste de citron râpé
2 c. à soupe (30 ml) de jus de citron
1 c. à soupe (15 ml) d'huile d'olive extra vierge
1 paquet (4 oz/115 g) de feta, émiettée

1. Porter l'eau à ébullition dans une casserole moyenne. Incorporer l'orge. Baisser le feu, couvrir et laisser mijoter de 10 à 12 min ou jusqu'à ce que l'orge soit tendre.

2. Pendant ce temps, dans un grand bol, mélanger les artichauts, les tomates, le persil, les épices, le zeste de citron, le jus de citron et l'huile. Remuer délicatement pour bien mélanger.

3. Égoutter l'orge. Le rincer sous l'eau froide pour le refroidir rapidement. Bien l'égoutter.

4. Ajouter l'orge au mélange d'artichauts et bien mélanger. Ajouter le fromage et mélanger délicatement.

Donne 4 portions.

LE MEILLEUR GASPACHO DE L'ÉTÉ

3 tasses (750 ml) de jus de tomate
2½ tasses (625 ml) de tomates coupées en petits dés (2 grosses tomates)
1 tasse (250 ml) de poivron jaune ou rouge, coupé en petits dés (1 petit poivron)
1 tasse (250 ml) de concombre non pelé, coupé en petits dés
½ tasse (125 ml) de salsa avec gros morceaux
1 c. à soupe (15 ml) d'huile d'olive
1 gousse d'ail, hachée
1 avocat mûr, coupé en dés
¼ tasse (60 ml) de coriandre ou de basilic frais, haché finement

1. Dans un grand bol, mettre le jus de tomate, les tomates, le poivron, le concombre, la salsa, l'huile et l'ail, et bien mélanger. Couvrir et réfrigérer pendant 1 h ou jusqu'à 24 h. Incorporer l'avocat et la coriandre juste avant de servir.

Donne 6 portions.

CROISSANTS À LA SPANAKOPITA

1 c. à soupe (15 ml) de beurre
¼ tasse (60 ml) d'oignon haché finement
1 gousse d'ail, hachée
1 paquet (10 oz/285 g) d'épinards hachés surgelés, dégelés et essorés
4 oz (115 g) de feta émiettée
¼ c. à thé (1 ml) d'origan séché
   Pincée de muscade moulue
   Sel et poivre noir
4 croissants moyens
8 tranches (1 oz/30 g chacune) de monterey jack

1. Faire fondre le beurre dans une grande poêle à feu moyen. Ajouter l'oignon et l'ail, et les faire revenir 5 min ou jusqu'à ce que l'oignon soit tendre. Ajouter les épinards et faire revenir 5 min ou jusqu'à ce que les épinards soient asséchés. Retirer du feu et incorporer la feta, l'origan et la muscade. Saler et poivrer au goût. Répartir le mélange d'épinards également sur la partie inférieure des croissants tranchés en deux. Garnir de monterey jack et couvrir avec la partie supérieure des croissants.

2. Essuyer la poêle avec un papier absorbant. Déposer les sandwiches et cuire à feu doux, à couvert, 5 ou 6 min ou jusqu'à ce que le fromage soit fondu et que le dessous des sandwiches soit doré.

Donne 4 sandwiches.

SALADE DE PÂTES À LA GRECQUE

6 tasses (1,5 l) de rotinis ou de penne de blé entier ou multigrains, cuits
1½ tasse (375 ml) de concombre coupé en dés
2 tomates moyennes, coupées en dés
1 poivron vert moyen, coupé en dés
2 oz (60 g) de feta émiettée finement
12 olives noires dénoyautées, hachées
¼ tasse (60 ml) d'aneth frais, ciselé
   Le jus de ½ citron
¼ c. à thé (1 ml) de sel
⅛ c. à thé (0,5 ml) de poivre noir

1. Mélanger tous les ingrédients dans un grand bol. Mettre au réfrigérateur jusqu'au moment de servir.

Donne 8 portions.

SALADE DE LÉGUMES GRILLÉS

1 tasse (250 ml) de champignons tranchés

1 tasse (250 ml) de carottes coupées en rondelles

1 tasse (250 ml) de poivron vert ou jaune, haché

1 tasse (250 ml) de tomates cerises, coupées en deux

½ tasse (125 ml) d'oignon haché

2 c. à soupe (30 ml) d'olives Kalamata dénoyautées, hachées

2 c. à thé (10 ml) de jus de citron (à diviser)

1 c. à thé (5 ml) d'origan séché

1 c. à thé (5 ml) d'huile d'olive

Sel et poivre noir

3 tasses (750 ml) d'épinards équeutés et déchiquetés ou de jeunes épinards, tassés

1. Préchauffer le four à 375 °F (190 °C). Dans un grand bol, mélanger les champignons, les carottes, le poivron, les tomates, l'oignon, les olives, 1 c. à thé (5 ml) de jus de citron, l'origan et l'huile. Saler et poivrer. Mélanger jusqu'à ce que tous les ingrédients soient bien enrobés.

2. Étendre les légumes en une seule couche sur une plaque de cuisson. Cuire au four 20 min, en remuant une fois. Incorporer la cuillerée à thé (5 ml) de jus de citron restante. Servir chaud sur les épinards.

Donne 2 portions.

Conseil

Les olives Kalamata sont violet foncé et ont un goût riche et fruité. On les trouve en général déjà dénoyautées, mais si tel n'est pas le cas, voici comment procéder : Posez l'olive sur une planche à découper et posez la lame d'un grand couteau ou d'un grattoir à pâte à plat sur l'olive. Frappez la lame avec le poing fermé et le noyau devrait sauter ou être suffisamment détaché pour sortir facilement de l'olive.

Remerciements

L'éditeur remercie les entreprises énumérées ci-dessous pour lui avoir permis d'utiliser leurs recettes et leurs photographies dans cet ouvrage.

Campbell Soup Company

Dole Food Company, Inc.

Holland House®

Kraft Foods Global, Inc.

Ortega®, A Division of B&G Foods, Inc.

Reckitt Benckiser Inc.

Sargento® Foods Inc.

Unilever

Index

Index

Index

TABLEAU DES ÉQUIVALENCES

MESURES VOLUMIQUES (SÈCHES)

⅛ cuillerée à thé = 0,5 ml
¼ cuillerée à thé = 1 ml
½ cuillerée à thé = 2 ml
¾ cuillerée à thé = 4 ml
1 cuillerée à thé = 5 ml
1 cuillerée à soupe = 15 ml
2 cuillerées à soupe = 30 ml
¼ tasse = 60 ml
⅓ tasse = 75 ml
½ tasse = 125 ml
⅔ tasse = 150 ml
¾ tasse = 175 ml
1 tasse = 250 ml
2 tasses = 500 ml
3 tasses = 750 ml
4 tasses = 1 litre

MESURES VOLUMIQUES (LIQUIDES)

1 once liquide (2 cuillerées à soupe) = 30 ml
4 onces liquides (½ tasse) = 125 ml
8 onces liquides (1 tasse) = 250 ml
12 onces liquides (1½ tasse) = 375 ml
16 onces liquides (2 tasses) = 500 ml

POIDS (MASSES)

½ once = 15 g
1 once = 30 g
3 onces = 85 g
4 onces = 120 g
8 onces = 225 g
10 onces = 285 g
12 onces = 340 g
16 onces = 1 livre = 450 g

DIMENSIONS

¹⁄₁₆ pouce = 2 mm
⅛ pouce = 3 mm
¼ pouce = 6 mm
½ pouce = 1,25 cm
¾ pouce = 2 cm
1 pouce = 2,5 cm

TEMPÉRATURES DU FOUR

250 °F = 120 °C
275 °F = 140 °C
300 °F = 150 °C
325 °F = 160 °C
350 °F = 180 °C
375 °F = 190 °C
400 °F = 200 °C
425 °F = 220 °C
450 °F = 230 °C

TAILLES ET PLATS DE CUISSON

Plats	Mesures en pouces/tasses	Volumes métriques	Mesures en cm
Plat de cuisson (carré ou rectangulaire)	8 × 8 × 2	2 litres	20 × 20 × 5
	9 × 9 × 2	2,5 litres	23 × 23 × 5
	12 × 8 × 2	3 litres	30 × 20 × 5
	13 × 9 × 2	3,5 litres	33 × 23 × 5
Moule à pain	8 × 4 × 3	1,5 litre	20 × 10 × 7
	9 × 5 × 3	2 litres	23 × 13 × 7
Moule à gâteau étagé rond	8 × 1½	1,2 litre	20 × 4
	9 × 1½	1,5 litre	23 × 4
Assiette à tarte	8 × 1¼	750 ml	20 × 3
	9 × 1¼	1 litre	23 × 3
Plat de cuisson ou cocotte	4 tasses	1 litre	–
	6 tasses	1,5 litre	–
	8 tasses	2 litres	–